I edizione: luglio 2020

ISBN: 978-88-99358-88-4
Quaderno degli esercizi (+ 2 CD audio)

ISBN: 978-88-99358-83-9
Edizione per insegnanti (+ 2 CD audio)

Redazione:
Antonio Bidetti, Daniele Ciolfi, Anna Gallo, Sonia Manfrecola, Laura Piccolo, Elisa Sartor

Foto: Shutterstock, Telis Marin
Foto copertina: Telis Marin

Impaginazione e progetto grafico:
Edilingua

Registrazioni audio e produzione video:
Autori Multimediali, Milano

© Copyright edizioni Edilingua
Sede legale
Via Alberico II, 4 00193 Roma
Tel. +39 06 96727307
Fax +39 06 94443138
info@edilingua.it
www.edilingua.it

Deposito e Centro di distribuzione
Via Moroianni, 65 12133 Atene
Tel. +30 210 5733900
Fax +30 210 5758903

L. Ruggieri è insegnante di italiano come LS. Si è laureata in Lingue e Letterature Straniere all'Università degli Studi di Milano. Ha conseguito il dottorato presso l'Università di Granada, dove collabora come ricercatrice nell'ambito degli studi di linguistica e letteratura comparata con il /Grupo de investigaciones filológicas y de cultura hispánica/.

S. Magnelli insegna Lingua e Letteratura italiana presso il Dipartimento di Italianistica dell'Università Aristotele di Salonicco. Dal 1979 si occupa dell'insegnamento dell'italiano come LS; ha collaborato con l'Istituto Italiano di Cultura di Salonicco, nei cui corsi ha insegnato fino al 1986. Da allora è responsabile della progettazione didattica di Istituti linguistici operanti nel campo dell'italiano LS.

T. Marin dopo una laurea in Italianistica ha conseguito il Master Itals (Didattica dell'italiano) presso l'Università Ca' Foscari di Venezia e ha maturato la sua esperienza didattica insegnando presso varie scuole d'italiano. È direttore di Edilingua e autore di diversi testi per l'insegnamento della lingua italiana: *Nuovo* e *Nuovissimo Progetto italiano 1, 2, 3* (Libro dello studente), *Via del Corso A1, A2, B1, B2* (Libro dello studente), *Progetto italiano Junior 1, 2, 3* (Libro di classe), *La Prova Orale 1, Primo Ascolto, Ascolto Medio, Ascolto Avanzato, Nuovo Vocabolario Visuale, Via del Corso Video*. Inoltre, è coautore di *Nuovo* e *Nuovissimo Progetto italiano Video, Progetto italiano Junior Video* e *La nuova Prova orale 2*. Ha tenuto numerosi workshop sulla didattica in tutto il mondo.

Gli autori e l'editore sentono il bisogno di ringraziare i tanti colleghi che, con le loro preziose osservazioni, hanno contribuito al miglioramento di questa edizione aggiornata.

Un sincero ringraziamento, inoltre, va agli amici insegnanti che, visionando e provando il materiale in classe, ne hanno indicato la forma definitiva.

Infine, un pensiero particolare va ai redattori e ai grafici della casa editrice per l'impegno profuso.

Grazie all'adozione di questo libro, Edilingua adotta a distanza dei bambini che vivono in Asia, in Africa e in Sud America. Perché insieme possiamo fare molto! Ulteriori informazioni nella sezione "Chi siamo" del nostro sito.

Stampato su carta priva di acidi, proveniente da foreste controllate.

Gli autori apprezzerebbero, da parte dei colleghi, eventuali suggerimenti, segnalazioni e commenti sull'opera (da inviare a redazione@edilingua.it)

Tutti i diritti riservati.
È assolutamente vietata la riproduzione totale o parziale di quest'opera, anche attraverso le fotocopie; è vietata la sua memorizzazione, anche digitale su supporti di qualsiasi tipo, la sua trasmissione sotto qualsiasi forma e con qualsiasi mezzo, così come la sua pubblicazione on line senza l'autorizzazione della casa editrice Edilingua.

L'editore è a disposizione degli aventi diritto non potuti reperire; porrà inoltre rimedio, in caso di cortese segnalazione, ad eventuali omissioni o inesattezze nella citazione delle fonti.

Premessa

Il **Quaderno degli esercizi di Nuovissimo Progetto italiano 2** è l'edizione aggiornata dell'eserciziario di un moderno corso d'italiano per stranieri di livello B1-B2 del Quadro Comune Europeo di Riferimento per le Lingue.

Il fatto che *Nuovo Progetto italiano* venisse utilizzato con successo da migliaia di docenti in tutto il mondo e in vari contesti didattici ci ha permesso di raccogliere numerosi commenti, consigli e suggerimenti grazie ai quali abbiamo potuto valutare le modifiche da apportare per creare una nuova edizione nel rispetto sempre della filosofia dell'edizione precedente, apprezzata da tanti colleghi che sono "cresciuti" professionalmente usando il manuale.

Non siamo quindi partiti dal presupposto di modificare radicalmente il Quaderno, ma ci si è messi al lavoro con la consapevolezza di voler apportare dei miglioramenti. I principali punti su cui siamo intervenuti riguardano:

- una maggiore varietà di tipologie per una maggiore motivazione;
- meno attività a risposta aperta, che a nostro avviso potevano risultare demotivanti per gli studenti di oggi, abituati sempre di più a input e attività meno lunghi. Quindi, adesso ci sono più esercizi di abbinamento, scelta multipla e riordino;
- un'accurata revisione del lessico e una maggiore coerenza tra Quaderno degli esercizi e Libro dello studente. In questo modo gli studenti, incontrando meno parole sconosciute, diventano più autonomi nello svolgimento degli esercizi;
- l'approccio a spirale per la ripresa di strutture e lessico incontrati in unità precedenti. Questo tranquillizza gli studenti e favorisce il consolidamento dei contenuti;
- nuovi esercizi di reimpiego per ogni unità sugli elementi lessicali e comunicativi trattati: *repetita juvant*;
- la revisione delle consegne per rendere più autonomi gli studenti nella comprensione e nello svolgimento del compito;
- l'apparato iconografico, completamente a colori, è stato rinnovato e ampliato. Lo scopo è avere pagine piacevoli, non troppo cariche, che rispecchino la realtà italiana.

In questa edizione aggiornata del Quaderno, le attività seguono sempre la suddivisione per sezioni del Libro dello studente e l'organizzazione dei rimandi all'interno di quest'ultimo.
Come nel Libro dello studente, anche nel Quaderno degli esercizi i brani audio sono stati registrati da attori professionisti e sono più naturali e spontanei; molti dei brani autentici sono stati inoltre sostituiti con altri più aggiornati. I due CD audio di *Nuovissimo Progetto italiano 2* sono disponibili anche sul sito di Edilingua e sulla piattaforma didattica i-d-e-e.it.

Il Quaderno degli esercizi, oltre alle varie esercitazioni progettate tenendo presenti le tipologie delle certificazioni Celi, Cils e Plida, comprende i test finali, presenti al termine di ciascuna unità (da proporre dopo le pagine di civiltà), 4 test di ricapitolazione (uno ogni tre unità), un test generale finale e due Giochi didattici, tipo "gioco dell'oca": il primo riprende gli input più significativi delle prime 5 unità e il secondo è un riepilogo dell'intero libro.

In conclusione, nella stesura del Quaderno degli esercizi di *Nuovissimo Progetto italiano 2* si è sempre cercato di rendere semplici e piacevoli le esercitazioni, anche attraverso l'uso di una lingua il più possibile contestualizzata e vicina alla realtà.

La piattaforma i-d-e-e.it

Nella seconda di copertina del volume gli studenti trovano un codice di accesso alla piattaforma didattica i-d-e-e.it. Questo codice fornisce accesso gratuito per 12 mesi (dal momento dell'attivazione) ai seguenti materiali didattici e strumenti:

- gli esercizi del Quaderno completamente interattivi, con correzione e valutazione automatica. Gli studenti possono svolgerli in piena autonomia e ripeterli in qualsiasi momento se desiderano esercitarsi di più;
- gli episodi video e le puntate del Quiz;
- le tracce audio;
- i nuovi Giochi digitali, un'esclusiva di Edilingua, che permettono un ripasso divertente ed estremamente efficace;
- la Grammatica interattiva, test e giochi preparati dall'insegnante, lo spazio classe ecc.

Inoltre, su i-d-e-e gli studenti possono acquistare diversi libri in versione e-book (letture semplificate, il Nuovo Vocabolario visuale, i Verbi e altro) e tanti altri materiali (video, audio).

Su i-d-e-e gli insegnanti, da parte loro:
- vedono i risultati degli esercizi svolti dai loro studenti e gli errori commessi da ciascuno. Questo gli permette, inoltre, di dedicare meno tempo alla correzione degli esercizi in aula;
- trovano tutti i video del corso;
- possono assegnare alle proprie classi decine di test e giochi già pronti, personalizzandoli, o crearne di nuovi;
- trovano il software per la Lavagna Interattiva Multimediale di *Nuovissimo Progetto italiano 2* (disponibile anche in versione offline su DVD-ROM);
- possono consultare altri libri didattici di Edilingua.

La versione e-book del Libro dello studente e del Quaderno degli esercizi è disponibile sulla piattaforma BlinkLearning.

Questo simbolo, che gli studenti trovano a metà e alla fine di ogni unità del Quaderno degli esercizi, indica che sulla piattaforma i-d-e-e sono disponibili i nostri nuovi Giochi digitali (*Cartagio*, *Luna Park*, *Il giardino di notte*, *Orlando* e *Sogni d'oro*) che permettono allo studente di ripassare i contenuti dell'unità.

Gli studenti, adulti e giovani adulti, possono accedervi gratuitamente e giocare quanto vogliono, avendo un illimitato numero di tentativi. Alcuni elementi di *gamification* (raccolta di monete e badge, livelli da superare e classifiche) hanno lo scopo di rendere l'esperienza ancora più motivante. Attraverso la ripetizione e la varietà gli studenti consolidano inconsapevolmente i contenuti incontrati, imparano senza la "paura di sbagliare".

Buon lavoro!
Gli autori

 *Tutti gli esercizi sono disponibili in formato interattivo su www.i-d-e-e.it*

Prima di... cominciare

Quaderno degli esercizi

1 Completa il testo con gli articoli determinativi e indeterminativi.

Per molti italiani entrare in ….*un*…. (1) bar fa parte del loro programma giornaliero. Ci possono andare ….*la*…. (2) mattina a fare colazione con cappuccino e cornetto, all'ora di pranzo per ….*un*…. (3) panino, ….*il*…. (4) pomeriggio per ….*un*…. (5) dolce seguito da ….*un*…. (6) buon caffè, oppure ….*la*…. (7) sera per bere qualcosa con ….*gli*…. (8) amici: ….*un'*…. (9) aranciata, ….*una*…. (10) birra o ….*un*…. (11) aperitivo. ….*Il*…. (12) caffè non costa molto e, di solito, prima di ordinare al barista dietro ….*il*…. (13) banco dobbiamo pagare, dobbiamo "fare ….*lo*…. (14) scontrino".

2 Completa con i possessivi e l'articolo, se necessario.

1. Ho prenotato il treno per Milano, partiamo nel pomeriggio. ….*Il nostro*…. treno è quello delle 18.25.
2. Il fratello di Gianni è molto simpatico, invece ….*sua*…. sorella Eva è proprio antipatica.
3. Flavia, di chi è questo cellulare? È ….*tuo*…. o di Carla?
4. • Questo è l'indirizzo di Luca? • Sì, è ….*il suo*…. .
5. Io ho molte cugine, ma Chiara è ….*la mia*…. cugina preferita.
6. • Marco è lo zio di Piero?
   • No, non è ….*suo*…. zio, è ….*suo*…. fratello.

3 Scrivi il contrario dei seguenti aggettivi.

1. freddo ….*caldo*….
2. simpatico ….*antipatico*….
3. dolce ….*amaro*….
4. felice ….*triste*….
5. alto ….*basso*….

6. piccolo ….*grande*….
7. bello ….*brutto*….
8. buono ….*cattivo*….
9. magro ….*grasso*….
10. stretto ….*largo*….

4 Abbina le frasi.

A

1. Mi chiamo Tiziana. (c)
2. Scusa, per l'università? (e)
3. Grazie mille! (f)
4. Cosa prende per primo? (b)
5. Quando è il tuo compleanno? (g)
6. Cosa danno al cinema? (a)
7. Quant'è? (d)

a. Niente di bello.
b. Preferisco solo un secondo.
c. Piacere, io sono Paolo.
d. 25 euro con lo sconto.
e. Va' dritto e al primo incrocio gira a sinistra.
f. Figurati!
g. Il 4 agosto.

B

1. Quanti anni ha Carlo? (f)
2. Fai tu i biglietti per Firenze? (g)
3. Come Le sta il vestito, signora? (b)
4. Dove abiti ora? (a)
5. Quanto formaggio vuole? (c)
6. Mi presteresti il tuo cellulare? (d)
7. Avete anche altri colori? (e)

a. In via Matteotti, in centro.
b. Un po' piccolo. Mi dà una taglia più grande, per favore?
c. Tre etti vanno bene, grazie.
d. Prendilo pure!
e. Sì, c'è in rosso e in nero.
f. Avrà trent'anni, non di più.
g. Sì! Andata e ritorno?

5 Presente, passato prossimo, imperfetto o trapassato prossimo? Completa il testo con i verbi dati.

Cara Flavia,

una volta mi *hai chiesto* (1. *chiedere*): «Ma dove vi siete conosciuti tu e lo zio Edoardo?». E tua madre ha risposto per me: «In Brasile». «E dove *sta* (2. *stare*) il Brasile?» hai detto tu. Tuo zio Edoardo ed io *ci siamo conosciuti* (3. *conoscersi*) a Rio de Janeiro dove io tenevo un corso sulla scrittura teatrale all'Università Alvares Penteado e lui *insegnava* (4. *insegnare*) violino alla scuola di musica municipale oltre a dare concerti in varie altre città. Io abitavo nell'Istituto italiano di cultura, ospite di Antonio De Simone e di sua moglie Monique. I De Simone *erano* (5. *essere*) molto gentili, amavano avere la casa piena di gente: ogni volta che qualcuno arrivava dall'Italia, lo *ospitavano* (6. *ospitare*) a casa loro. Per questo avevano due camere sempre pronte.
In una fotografia fatta da tuo zio Edoardo, io *scendo* (7. *scendere*) da una scala che era quella interna dell'Istituto e tengo in mano dei quaderni. Passavo la giornata a leggere e a prendere appunti per la lezione serale: l'università *apriva* (8. *aprire*) solo dopo le cinque. Gli studenti a Rio hanno tutti un lavoro e perciò *potevano* (9. *potere*) dedicarsi agli studi solo nel tardo pomeriggio. Tuo zio continuava a fotografarmi, coi libri sotto il braccio mentre scendevo le scale, uscivo dall'Istituto, *mangiavo* (10. *mangiare*) al tavolo di cucina dei De Simone. Ma io non *avevo capito* (11. *capire*) che gli piacevo. Era tanto timido tuo zio. Infine i giorni a Rio sono terminati. *Siamo partiti* (12. *Partire*) con due aerei diversi, ad un giorno di distanza, e lui mi aveva chiesto solo il numero di telefono di Roma. Dopo una decina di giorni mi ha telefonato e mi *ha invitato* (13. *invitare*) a cena per la sera dopo.

adattato da *Dolce per sé* di Dacia Maraini

Quaderno degli esercizi

6 Completa le frasi con i pronomi diretti e i pronomi indiretti.

1. Stasera io sono a casa, se vuoi _mi_ puoi chiamare verso le otto.
2. Allora ragazzi, _vi_ è piaciuto il film?
3. Non riesco a trovare le chiavi di casa. Dici che _le_ ho perse?
4. Che ne dici? _Ti_ piace la mia nuova sciarpa?
5. Andrea ha mandato un'email al suo capo, ma non _gli_ ha ancora risposto.
6. • Gloria, vuoi un caffè? • Sì, grazie, _lo_ prendo volentieri.

7 Completa il testo con il futuro semplice e il condizionale (semplice o composto) dei verbi dati.

È dai tempi dell'università che dicevo a Federica che _vorrei_ (1. volere) andare negli Stati Uniti. Finalmente, la prossima estate ci _andremo_ (2. andare) e sono sicuro che _ci divertiremo_ (3. divertirsi) tanto. In realtà, Federica _avrebbe preferito_ (4. preferire) andare in Giappone, ma... pazienza. _Vorrebbero_ (5. volere) venire anche Sandra e Gianni, ma ancora non sono sicuri. Dicono che non _sanno/saprebbero_ (6. sapere) dove lasciare il loro cane. Al posto loro, io lo _porterei_ (7. portare) con me. Ci fermeremo un mese negli Stati Uniti, _visiteremo_ (8. visitare) varie città e a San Francisco ci _ospiterà_ (9. ospitare) una nostra amica, Roberta. _Avrei fatto_ (10. fare, io) già i biglietti aerei, però all'agenzia di viaggi mi hanno detto di aspettare qualche giorno perché _ci saranno_ (11. esserci) sicuramente delle offerte.

8 Completa l'articolo con le preposizioni corrette, semplici o articolate.

Lo *Street Art*, il festival romano _delle_ (1) Arti di Strada, arriva _alla_ (2) sua quarta edizione: 11 e 12 maggio nel Rione Borgo, luogo storico _della_ (3) capitale.
Sotto la cupola di S. Pietro, lungo Borgo Vittorio e Borgo Pio, _da_ (4) via dei Tre Pupazzi e via Degli Ombrellari fino _a_ (5) Piazza delle Vaschette e Piazza del Canalone, gli artisti inviteranno romani e turisti _a_ (6) partecipare. Il Municipio Roma XVII (ora Municipio Roma I) ha promosso l'evento: «Siamo felici _di_ (7) poter regalare questa importante esperienza – spiegano gli organizzatori – non solo _agli_ (8) artisti che partecipano ma anche a tutti gli spettatori».«Il rapporto _tra_ (9) artista e spettatore – continuano gli organizzatori – è un'esperienza magica: gli artisti di strada dimostrano che l'arte non è qualcosa _di_ (10) lontano, ma fa parte di noi, è la vera chiave _per_ (11) migliorare la vita». Infine, l'edizione di quest'anno di *Street Art* ospiterà anche una mostra fotografica _sul_ (12) teatro di strada e altre iniziative "top secret".

adattato da *www.ansa.it*

9 Completa con i verbi all'imperativo.

1. Lucia, questa sera ___vieni___ (venire) a cena da noi!
2. Ragazzi, non ___dimenticate___ (dimenticare) di telefonare a vostra madre!
3. Antonio, non ___fumare___ (fumare) in macchina!
4. È tutto il giorno che lavori, ___riposati___ (riposarsi) un po'!
5. Elisa, ___sta'/stai___ (stare) tranquilla!
6. Ragazzi, ___guardate___ (guardare) questo video su YouTube!

10 Completa con i verbi dati.

ci vogliono ♦ ci metto ♦ si mette ♦ ci vorranno ♦ ci hai messo ♦ si vive ♦ ci sono voluti

1. Da casa mia alla stazione, in macchina, ___ci metto___ dieci minuti.
2. Per fare gli spaghetti alla carbonara ___ci vogliono___ le uova.
3. Nelle piccole città ___si vive___ meglio.
4. Per finire questo nuovo ospedale ___ci vorranno___ almeno cinque anni.
5. Hai fatto in fretta, ___ci hai messo___ poco a prepararti.
6. Per completare questo lavoro ___ci sono voluti___ tanti anni.
7. Luca ___si mette___ sempre il cappello prima di uscire.

11 Osserva le immagini e risolvi il cruciverba.

1. FRUTTA
2. CHITARRA
3. BOTTIGLIA
4. CAMICIA
5. PENTOLA
6. PACCHI
7. DETERSIVO
8. CARNEVALE

Esami... niente stress!

Unità 1

Quaderno degli esercizi

1 Completa le informazioni nella prenotazione all'esame di Lorenzo con le parole date, come nell'esempio.

matricola ◆ Lettere moderne ◆ prova ◆ voti
Studi Umanistici ◆ appello ◆ docente

Prenotazione appello d'esame

Se fai delle modifiche clicca il tasto ⟲ per visualizzare i dati aggiornati

Cognome e nome: Sorrentino Lorenzo
Appello (1) del 25 marzo, ore 18

Facoltà: *Studi umanistici* (2)

Corso di laurea: *Lettere moderne* (3)

Tipologia corso: Laurea Triennale
Matricola (4): 765290

Media *voti* (5): 24/30

Insegnamento: Storia della letteratura italiana moderna e contemporanea (SSD: L-FIL/LET 10)
Docente (6): Alessandra Levi

Luogo: aula 12b

Tipologia esame: l'esame consiste in una *prova* (7) orale

2 Collega le frasi con l'oggetto corrispondente.

1. Ve le lascio sul tavolo della cucina.
2. A Verona li preparano per Carnevale.
3. Me lo offri al bar?
4. Chi l'ha rotto?
5. Se è troppo pesante, te lo porto io.
6. Gliela regalo a mia moglie per il suo compleanno.
7. Me li presta lui.

a [6] la collana

b [1] le chiavi

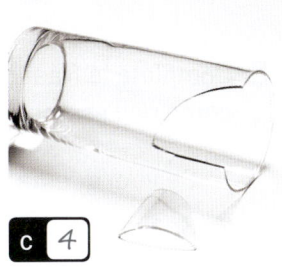
c [4] il bicchiere

d [2] gli gnocchi

e [3] il caffè

f [7] gli appunti

g [5] lo zaino

EDILINGUA

3 Fai l'abbinamento.

1. Luca, mi presti gli appunti di Storia? (e)
2. Puoi dire tu a Lorenzo che partiamo alle 6? (b)
3. Sono arrivati i miei amici dalla Francia! (a)
4. Mi passeresti il sale? (f)
5. Qualcuno può prestarci la macchina fotografica? (c)
6. Luca, porteresti tu questo caffè alla signora Lindi? (d)

a. Che bello! Quando ce li farai conoscere?
b. Sì, glielo dico io.
c. Ve la presto io: a casa ne ho due.
d. Sì, glielo porto subito...
e. Sì, te li porto domani a lezione.
f. Certo, te lo passo subito.

4 Scegli i pronomi combinati corretti.

1. • Lorenzo, davvero hai studiato sul libro sbagliato?
   • Sì, la professoressa ha cambiato programma e nessuno <u>me l'</u> / te l' ha detto!
2. • Questa proprio non gliel' / <u>me l'</u> aspettavo da te! Io mi fidavo di te!
   • No, aspetta, non arrabbiarti! Posso spiegarti tutto!
3. • Maria, se vuoi <u>te la</u> / me la dico la verità. Tu sei pronta ad ascoltarla?
   • Certo! Cosa sarà mai?
4. • Luca e Giacomo sono malati. Chi gli porterà i compiti?
   • Ce li / <u>Glieli</u> porterò io! Abito vicino a casa loro.
5. • Mamma, ci presti il cellulare? Vogliamo cercare il significato di alcune parole.
   • No, non <u>ve lo</u> / ce lo presto. Perché non usate il dizionario?

5 Completa le frasi con i pronomi combinati e i verbi al tempo giusto, come nell'esempio.

1. Se vuoi questa rivista, *te la compro* (comprare).
2. Se ti piacciono i miei quadri, *te ne regalo* (regalare) uno volentieri!
3. Signora, gli antipasti li prepariamo ogni giorno con ingredienti freschi... *Glieli consiglio* (consigliare)!
4. Non hai letto l'ultimo libro di Elena Ferrante?! Appena avrò finito di leggerlo, *te lo presterò* (prestare).
5. Quando ordiniamo la pizza alle nove, *ce la portano* (portare) sempre dopo due ore! La dobbiamo ordinare prima.
6. Se Anna vuole conoscere la trama del film, *gliela racconto* (raccontare), ma dopo non so se vorrà venire ancora al cinema!
7. Da piccolo mi piacevano molto i puzzle, i miei genitori *me ne regalavano* (regalare) uno al mese.

Quaderno degli esercizi

6 Completa le frasi, come nell'esempio. Sottolinea il nome a cui si riferisce il pronome *ne*.

1. Ho finito il latte, *(me ne)* — ve ne *(b)* — a. diamo noi una copia.
2. Vuoi dell'acqua? *(Te ne)* — gliene — b. consiglio uno molto bello.
3. A Lucio serve una bicicletta nuova: — me ne *(c)* — c. compri un litro?
4. Abbiamo già finito gli esercizi! Professoressa, *(ce ne)* — ce ne *(e)* — d. regaliamo una noi?
5. Se volete leggere un libro *(ve ne)* — Te ne *(f)* — e. dà ancora?
6. Se vogliono gli appunti delle lezioni, *(gliene)* — gliene *(a)* — f. porto un bicchiere.

7 Completa i post con i pronomi combinati. Vedi anche l'Approfondimento grammaticale a pagina 205 del Libro dello studente.

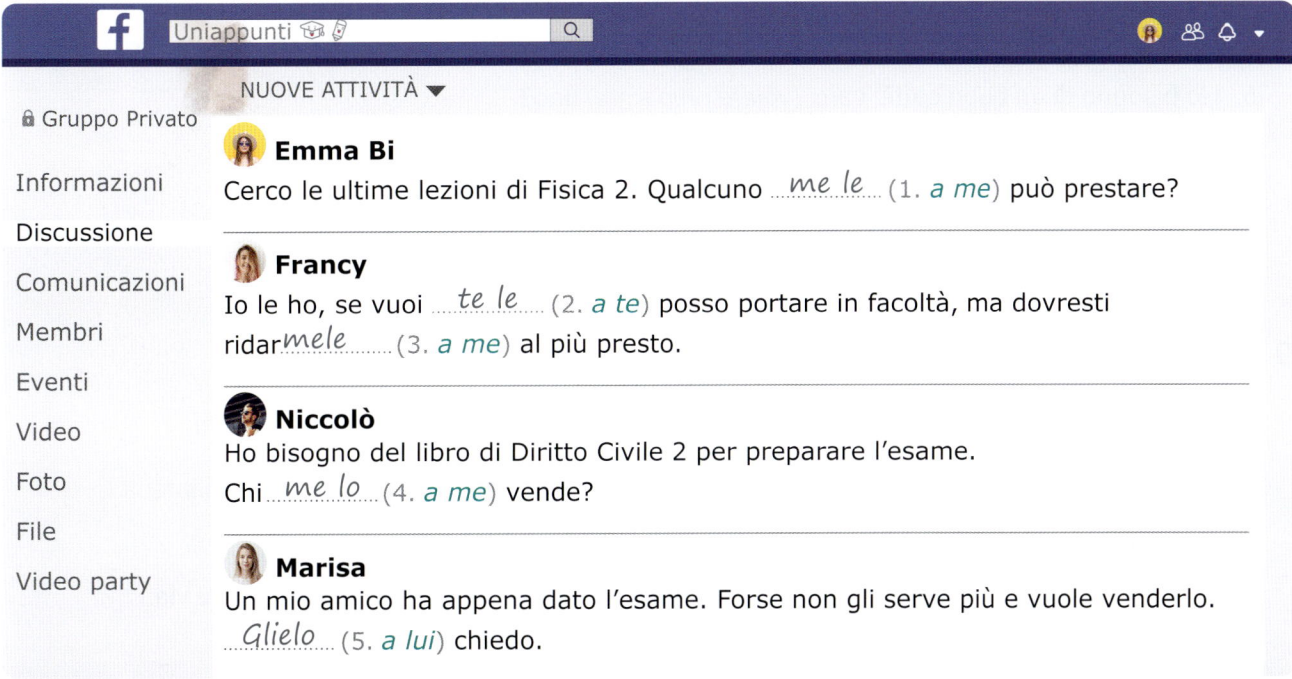

Emma Bi
Cerco le ultime lezioni di Fisica 2. Qualcuno __me le__ (1. *a me*) può prestare?

Francy
Io le ho, se vuoi __te le__ (2. *a te*) posso portare in facoltà, ma dovresti ridar__mele__ (3. *a me*) al più presto.

Niccolò
Ho bisogno del libro di Diritto Civile 2 per preparare l'esame. Chi __me lo__ (4. *a me*) vende?

Marisa
Un mio amico ha appena dato l'esame. Forse non gli serve più e vuole venderlo. __Glielo__ (5. *a lui*) chiedo.

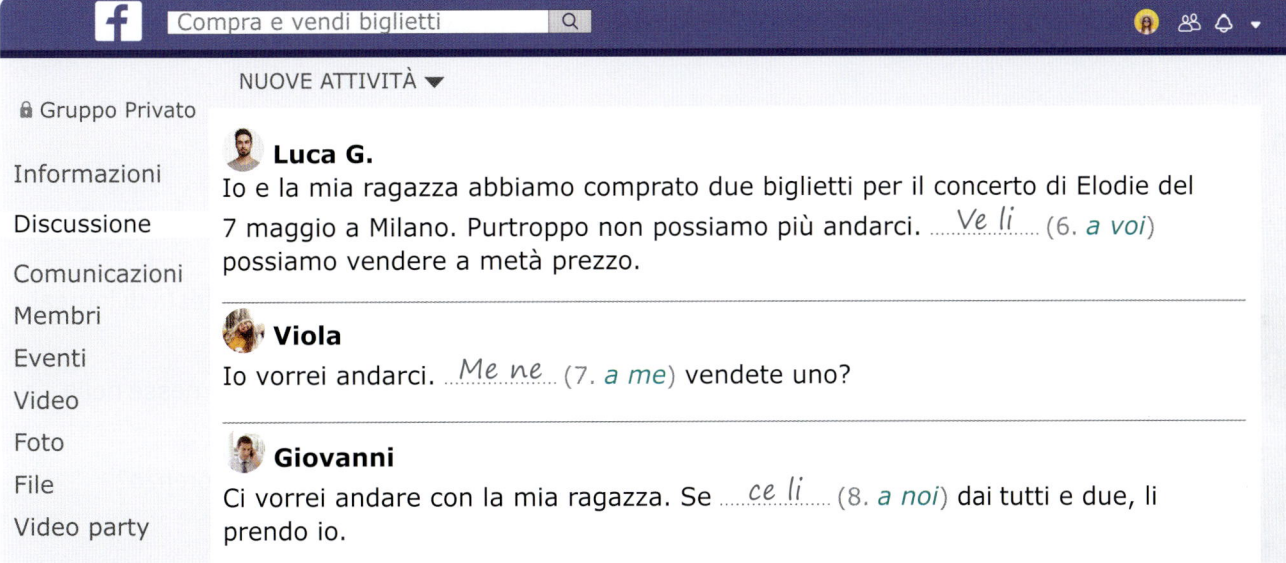

Luca G.
Io e la mia ragazza abbiamo comprato due biglietti per il concerto di Elodie del 7 maggio a Milano. Purtroppo non possiamo più andarci. __Ve li__ (6. *a voi*) possiamo vendere a metà prezzo.

Viola
Io vorrei andarci. __Me ne__ (7. *a me*) vendete uno?

Giovanni
Ci vorrei andare con la mia ragazza. Se __ce li__ (8. *a noi*) dai tutti e due, li prendo io.

8 Trascrivi e completa le frasi come negli esempi. Metti il pronome dopo l'infinito nelle frasi dispari (1, 3, 5) e prima del verbo modale in quelle pari (2, 4, 6).

es. Se desideri quel libro, *(potere regalare)* *posso regalartelo* / *te lo posso regalare* io per Natale.

1. I documenti che mi hai chiesto, *(potere mandare)* solo la settimana prossima.
   I documenti che mi hai chiesto, posso mandarteli solo la settimana prossima.

2. Caterina non mi ha dato il numero di Piero. *(Potere dare)* tu?
   Caterina non mi ha dato il numero di Piero. Me lo potresti/puoi dare tu?

3. Se volete dei libri da leggere sotto l'ombrellone, *(potere prestare)* io un paio.
   Se volete dei libri da leggere sotto l'ombrellone, posso prestarvene io un paio.

4. Laura, per sbaglio ho cancellato le foto che abbiamo fatto a Roma. *(Potere mandare)*, per favore?
   Laura, per sbaglio ho cancellato le foto che abbiamo fatto a Roma. Me le potresti/puoi mandare, per favore?

5. Ho bisogno di un buon caffè: caro, *(volere preparare)* uno?
   Ho bisogno di un buon caffè: caro, vorresti/vuoi prepararmene uno?

6. Perché hai comprato un nuovo cellulare, Luca? *(Volere regalare)* io!
   Perché hai comprato un nuovo cellulare, Luca? Te lo volevo regalare io!

9 Completa i dialoghi con le espressioni date.

importa ♦ *figurati* ♦ *non si preoccupi* ♦ *mi scusi* ♦ *dispiace* ♦ *perdonami*

1. Mi *dispiace* Antonio! Ma non sono riuscito a portare i libri in biblioteca.
   Non *importa*, ci andrò io nel pomeriggio, Franco!

2. Direttore, *mi scusi*, ma non posso rimanere, devo proprio andare via.
   Non si preoccupi! Chiederò alla signora Barbara se può sostituirLa.

3. *Perdonami* Franco, veramente, non volevo offenderti.
   Figurati! Per fortuna siamo fra amici.

10 Scegli l'alternativa corretta.

1. • Ho saputo che Aldo si è laureato. Mel' / Mela / <u>Me lo</u> ha detto Luca.
   • Sì, il mese scorso. Sono andata alla sua festa di laurea!

2. • Non mi ricordo: mi hai dato le chiavi?
   • <u>Te le</u> / Te lo / Te l' ho date poco fa, le hai messe nella borsa.

3. • Chi ha dato il mio numero di telefono a Lorenzo?
   • Te l' / Ce l' / <u>Gliel'</u> ho dato io.

Quaderno degli esercizi — Unità 1

4. ● Hai chiesto a Marco se ci può ospitare il prossimo fine settimana?
   ● No, non te l' / **gliel'** / me l' ho ancora chiesto. Ora gli mando un messaggio!

5. ● Hai tu le mie fotocopie?
   ● Sì, me li / me l' / **me le** hai date ieri, non ti ricordi?

6. ● Quanti maglioni vi ha preparato la nonna?
   ● Me ne / **Ce ne** / Ve ne ha fatti due a testa! Sono bellissimi e caldissimi!

11 Riscrivi le parti evidenziate usando i pronomi combinati, come nell'esempio.

es. Mi hai chiesto un favore: ti ho fatto un favore.
Mi hai chiesto un favore e *te l'ho fatto.*

1. Volevate una cena speciale e vi ho preparato una cena da Masterchef!
Volevate una cena speciale e *ve ne ho preparata una da Masterchef!*

2. Avevamo bisogno degli appunti di Massimo e lui ci ha dato i suoi appunti.
Avevamo bisogno degli appunti di Massimo e lui *ce li ha dati.*

3. Avevo comprato un regalo per Gianni e ieri gli ho dato il mio regalo.
Avevo comprato un regalo per Gianni e *ieri gliel'ho dato.*

4. Che figura! Volevo offrire un caffè a Roberto, ma al bar mi sono accorta di non avere il portafoglio, così alla fine ha offerto lui il caffè a me.
Che figura! Volevo offrire un caffè a Roberto, ma al bar mi sono accorta di non avere il portafoglio, così alla fine *me l'ha offerto lui.*

5. Lucia voleva le risposte dell'esercizio 3 e io, via email, ho mandato a lei le risposte.
Lucia voleva le risposte dell'esercizio 3 e io, via email, *gliele ho mandate.*

6. Ho chiesto a Luisa di darmi un vestito per la mia laurea e lei mi ha dato due vestiti.
Ho chiesto a Luisa di darmi un vestito per la mia laurea e *lei me ne ha dati due.*

12 Usa i suggerimenti per formare le risposte al passato, come nell'esempio.

es. Chi ha detto a Lucio che Michela verrà alla mia festa? Doveva essere una sorpresa!
a lui | dire | tua cugina Giulia *Gliel'ha detto tua cugina Giulia.*

1. Che belle sciarpe, ragazzi! Dove le avete prese?
non comprare | a noi | fare | la zia *Non le abbiamo comprate. Ce le ha fatte la zia.*

2. Il professore vi ha spiegato i pronomi?
sì | ieri | prima ora *Sì, ce li ha spiegati ieri alla prima ora.*

3. Buonissimo questo dolce! L'hai fatto tu?
no | a me | mandare | mia sorella *No, me l'ha mandato mia sorella.*

4. Hai visto il film che ha vinto il David di Donatello?
non ancora | vedere presto | a me | tutti | consigliare *Non ancora, ma lo vedrò presto, perché me l'hanno consigliato tutti.*

5. Hai visto che belle le foto che i ragazzi hanno fatto a New York?
non | a me | mostrare | ancora *Non me le hanno ancora mostrate!*

13 Completa la chat tra Pietro e Federico con i pronomi combinati.

 Ciao Pietro! Allora? Com'è andato l'esame?

Bene! 25! __Te l'__ (1) avevo detto che con gli appunti di Valeria sarebbe stata una passeggiata!

 Gli appunti di Valeria? Sei riuscito a far __teli__ (2) dare? Di solito è molto gelosa dei suoi appunti!

Già... ma __me li__ (3) ha mandati via email lunedì. Pensa che li ho passati anche a Lorenzo!

 Cosa? __Glieli__ (4) hai dati anche a Lorenzo?! Ma Valeria lo sa? Se lo scopre, non ti rivolgerà più la parola!

Ma va... e comunque non lo scoprirà perché l'hanno bocciato! __Gliel'__ (5) avevo detto che non bastava imparare a memoria gli appunti, ma che bisognava anche sapere le trame di tutti i romanzi!

 No! Davvero?! Poverino! Senti, ti è arrivata la presentazione di Storia? Io e Giulia l'abbiamo finita ieri sera e __te l'__ (6) abbiamo mandata... Dovresti aggiungere il tuo pezzo.

Sì, scusa, volevo rispondervi, ma stavo studiando e poi __me ne__ (7) sono dimenticato. Do un'occhiata, la completo e __ve la__ (8) rimando entro domani!

 Perfetto, grazie! A domani allora!

14 Scegli l'espressione giusta tra quelle date.

1. • Hai saputo che Attilio ha comprato una Ferrari?
   • Caspita! / <u>Ma va!</u> Con i soldi che ha al massimo avrà comprato una Cinquecento...
2. • Mi ha telefonato Nicola e mi ha detto che a settembre si sposa con Martina.
   • <u>Davvero?!</u> / Non è vero! Ma diceva sempre che lui non si sarebbe mai sposato!
3. • Hai saputo che Emma ha vinto una borsa di studio per un'università americana?! Parte a gennaio!
   • Non importa! / <u>Chi l'avrebbe mai detto?</u> Questa sì che è una bella notizia!
4. • Sai che Ilaria e Vanni si sono lasciati?
   • <u>Caspita!</u> / Figurati! Come mai? Stavano insieme da quindici anni!
5. • Mamma, noi andiamo qualche giorno in montagna coi bambini...
   • Non fa niente! / <u>Scherzi?!</u> Con questo tempo in montagna? Io andrei al mare.
6. • Lo sai che oggi è sciopero e le Poste sono chiuse?
   • Prego! / <u>Non ci credo!</u> Proprio oggi che dovevo spedire un pacco!

Quaderno degli esercizi

15 Scrivi le domande usando i suggerimenti, come nell'esempio. Usa il presente.

es. uova | torta | preparare → • *Quante uova servono per preparare la torta?*
• Ne servono 3.

1. Bianca | non venire | laurea | Marco → • *Perché Bianca non viene alla laurea di Marco?*
• Come?! Non lo sai? È dovuta partire ieri per Milano per lavoro!

2. tempo | studiare | italiano | tuo ragazzo → • *Da quanto tempo studia l'italiano il tuo ragazzo?*
• Da circa sei mesi. È già molto bravo, secondo me!

3. fare | Natale | gli italiani → • *Che cosa/Cosa fanno a Natale gli italiani?*
• Stanno con la famiglia e si divertono!

4. partire | Stati Uniti → • *Quando partite per gli Stati Uniti?*
• Partiamo domenica mattina. Non vediamo l'ora!

5. costare | biglietto | treno | Francia → • *Quanto costa il biglietto del treno per la Francia?*
• Dipende: se trovi un'offerta è più economico del biglietto aereo.

6. donna | seduta | vicino | Simona → • *Chi è la donna seduta vicino a Simona?*
• Secondo me, è sua sorella: sono uguali!

7. andare | voi | vacanze | Pasqua → • *Dove andate per le vacanze di Pasqua?*
• Non lo sappiamo ancora, forse in Sicilia.

8. occuparsi | tuoi zii | Australia → • *Di che cosa si occupano i tuoi zii in Australia?*
• Hanno una piccola azienda: producono vino.

16 Scegli l'alternativa corretta.

1. Oltre a Santorini, quale/**quali** altre isole greche avete visitato?
2. Quale/**Quali** sono le città giapponesi che ti sono piaciute di più?
3. Quando andavi a scuola, **quale**/quali materia preferivi?
4. **Quale**/Quali di queste giacche è più adatta ad un colloquio di lavoro?
5. **Quale**/Quali pizza vuoi? Qui sono tutte buonissime!
6. Secondo te, **quale**/quali colore mi sta meglio? Il rosso o il rosa?

17 Cerchi lavoro. Completa con gli interrogativi alcune domande che potrebbero rivolgerti durante il colloquio di lavoro.

1. • *Quanti* anni ha?
2. • *Quale* facoltà universitaria ha finito?
3. • Da *quanto* tempo lavora?
4. • *Perché* vuole cambiare lavoro?
5. • *Chi* Le ha consigliato la nostra azienda?
6. • *Qual* è il suo punto di forza? E il suo punto debole?
7. • *Cosa* fa nel tempo libero?

EDILINGUA 15

18 Completa liberamente le frasi con gli interrogativi (negli spazi **neri**) e il verbo al modo e al tempo appropriato (negli spazi verdi).

Lisbona, *Portogallo*

1. _Perché_ ieri non _hai detto_ la verità? Non ti ha creduto nessuno. (*dire*)
2. _Dove_ sei andata l'ultima volta che _hai preso_ un aereo? In Francia o in Portogallo? (*prendere*)
3. Andrea, a _quanti_ amici _hai detto_ del concerto? Lo sai che non ho molti inviti! (*dire*)
4. _Qual_ _era_ il tuo programma televisivo preferito, quando eri piccolo? (*essere*)
5. Giulia, _dove_ _hai messo_ lo zucchero che abbiamo comprato ieri? (*mettere*)
6. Ragazzi, _come_ _andate_ alla festa questa sera? Avete bisogno di un passaggio? (*andare*)

19 Scrivi il nome delle facoltà che preparano a svolgere le seguenti professioni.

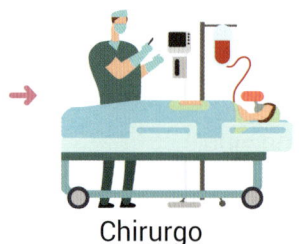
Chirurgo
Medicina e chirurgia

Ingegnere
Ingegneria

Architetto
Architettura

Avvocato
Giurisprudenza

Dentista
Odontoiatria

Insegnante di Storia
Lettere

20 Collega i verbi ai sostantivi.

1. iscriversi (*d*)
2. frequentare (*e*)
3. sostenere (*a*)
4. prendere (*f*)
5. partire (*b*)
6. mangiare (*c*)

a. un esame
b. per una vacanza-studio
c. alla mensa
d. all'università
e. un corso
f. appunti

Università di Bologna

Quaderno degli esercizi

21 Completa gli annunci con le preposizioni. Attenzione: in 3 casi la preposizione non è necessaria.

Milano Centro, Lombardia

Cerchiamo un impiegato *per* (1) l'assistenza ai clienti.
Il suo compito principale sarà risolvere *x* (2) problemi riguardo a spedizioni non andate a buon fine.
Il/La candidato/a ideale è una persona diplomata, *con* (3) esperienza in attività di servizio clienti in azienda *di* (4) trasporti. Ha buone capacità comunicative e una discreta conoscenza *degli* (5) strumenti informatici e della lingua inglese.

Bologna – bilocale 520 €/mese

Affittasi appartamento *dal* (6) 15 aprile in via De Gasperi 7A a meno di un chilometro *dalla* (7) facoltà di Giurisprudenza. In zona ci sono *x* (8) supermercati, farmacie, ristoranti, tutto il necessario. L'appartamento si trova *al* (9) secondo piano senza ascensore. È composto da soggiorno, bagno, camera e due balconi. Per informazioni scrivere *a* (10) beppez@vitali.it.

Canileonline Oscar cerca famiglia

Ha tanto bisogno *di* (11) trovare una casa! È quasi un anno che è qui da noi.
Pesa *x* (12) 17 kg, gli piace molto stare all'aria aperta e in compagnia di altri cani. Va d'accordo anche *con* (13) i gatti. Per lui cerchiamo una magnifica famiglia! Si trova in provincia *di* (14) Roma, ma potete adottarlo da tutta Italia!
Per informazioni contattare Roberta al canile Miciobau.

22 Ascolta due volte un testo sull'abbandono scolastico in Italia e completa le frasi (max 4 parole).

🎧 5 CD 1

1. Sono 62mila circa i cervelli in fuga che hanno lasciato l'Italia per *trasferirsi all'estero*.

2. Mentre sono 598mila giovani in *età compresa tra i* 18 e i 24 anni che hanno abbandonato l'attività scolastica.

3. Le imprese *rischiano di non* poter contare su nuovi lavoratori preparati.

4. Negli ultimi anni sono diminuiti gli abbandoni, ma *un elevato numero* di giovani continua a lasciare la scuola, anche dell'obbligo.

5. I ragazzi che provengono da ambienti svantaggiati e da famiglie con uno scarso *livello di istruzione* hanno più probabilità di abbandonare la scuola.

6. L'Italia si colloca *al terzo posto* per abbandono scolastico dei giovani in età compresa tra i 18 e i 24 anni.

7. Se da noi la percentuale è del 14,5 per cento, *la media europea* si attesta all'11 per cento.

8. A livello territoriale italiano sono *le regioni del Sud* a registrare i livelli più elevati di abbandono scolastico.

A Completa i dialoghi con i pronomi combinati e la desinenza del participio.

1
- Ciao Giovanna!
- Ciao Lucia!
- Che bella questa collana! È un regalo?
- Sì, _me l'_ (1) ha regalat_a_ Matteo per il nostro primo anniversario.
- Ah già, era il vostro anniversario! E tu, cosa gli hai regalato?
- Avevo visto un orologio molto bello in un negozio in centro e _gliel'_ (2) ho comprat_o_. Sapevo che a lui piaceva: _me l'_ (3) aveva dett_o_ tante volte!

2
- Allora, che cosa vi hanno regalato per il matrimonio?
- Il regalo più bello _ce l'_ (4) hanno fatt_o_ i miei genitori: una vacanza in Tailandia!
- Davvero? _Te l'_ (5) ho sempre dett_o_ che i tuoi sono fantastici!

B Scegli le alternative corrette.

1. - _a_ (1) che stasera facciamo una cena a casa mia? La solita compagnia.
   - No, non _b_ (2). A che ora?
   (1) a. Te l'ho detto
       b. Gliel'ho detto
       c. Te l'hanno detto
   (2) a. ce lo dici
       b. me l'avevi detto
       c. te l'abbiamo detto

2. - Signora, può dare a me la sua valigia: _b_ (1) io.
   - Grazie. Veramente... ne ho anche un'altra... _c_ (2)
   (1) a. te la porto
       b. gliela porto
       c. me la porto
   (2) a. Gliele potrei dare?
       b. Posso darla?
       c. Posso dargliela?

3. - Amore, mi hanno chiamato dal canile: hanno trovato Bello!
   - No! _a_ (1) Sei sicuro?
   - Sì, mi hanno detto che è lì e possiamo andare a prenderlo!
   - Andiamo subito!
   (1) a. Non ci posso credere!
       b. Quale?
       c. Cos'è!?

4. Sono certo che Alessandra _a_ (1) la macchina, se tu _a_ (2) in modo gentile.
   (1) a. ce la presterà
       b. ve le presterà
       c. ce li presterebbe
   (2) a. gliela chiederai
       b. gliele chiederai
       c. glieli avresti chiesti

Test finale — Unità 1

5. ● ..b.. (1) vuoi andare a vedere l'ultimo episodio di *Star Wars*?
   ● Oggi pomeriggio va bene? Non sai da ..c.. (2) tempo lo aspetto!
   (1) a. Che cosa   (2) a. quale
       b. Quando   b. che
       c. Chi   c. quanto

6. Luigi è al quinto anno di ..c.. (1), dovrebbe ..b.. (2) l'anno prossimo.
   (1) a. Ingegneria gestionale   (2) a. lavorare
       b. Letteratura   b. laurearsi
       c. Medicina   c. iscriversi all'università

C Risolvi il cruciverba.

Orizzontali

2. Alla fine delle scuole superiori facciamo l'esame di...
4. Lo sosteniamo se abbiamo studiato abbastanza.
5. Lo sono gli studenti che non si laureano in tempo.
7. Durante la lezione, mentre il professore spiega, gli studenti prendono...
8. All'università, gli studenti che vogliono pranzare vanno alla...
9. Di solito i libri sono suddivisi in diverse parti e ogni parte la chiamiamo...

Verticali

1. Il ... d'esame raccoglie tutti gli argomenti da studiare per lo specifico esame.
3. Vado in segreteria per l'... al corso di spagnolo.
6. Quando finiamo la scuola superiore, possiamo iscriverci a una ... universitaria.

Risposte giuste: .... /25

Unità 2 — Soldi e lavoro

Quaderno degli esercizi

1 Completa le frasi con le parole date.

> bancomat • conto corrente • prestito • tasso di interesse • disoccupato • vantaggioso

1. Il _tasso di interesse_ è la percentuale di guadagno della banca quando presta dei soldi o fornisce un servizio.
2. Il _conto corrente_ bancario è un servizio che offrono le banche.
3. _Vantaggioso_ è un aggettivo che usiamo come sinonimo di "conveniente".
4. Chiediamo un _prestito_ alla banca quando abbiamo bisogno di soldi.
5. Il _bancomat_ è una carta che serve per fare acquisti senza contante o per prelevare soldi dagli sportelli automatici.
6. Un _disoccupato_ è una persona che non lavora.

2 Unisci le frasi come nell'esempio.

es. Emanuela è una ragazza. Emanuela ha studiato in Italia.
Emanuela è una ragazza _che ha studiato in Italia._

1. Ho parlato con un'impiegata della banca. L'impiegata è stata molto gentile.
Ho parlato con un'impiegata della banca _che è stata molto gentile._

2. Ho aperto un conto in banca. Il conto offre molti vantaggi.
Ho aperto un conto in banca _che offre molti vantaggi._

3. In banca mi hanno dato una carta di credito. Userò la carta di credito per fare acquisti online.
In banca mi hanno dato una carta di credito _che userò per fare acquisti online._

4. Con l'applicazione della banca posso fare operazioni via Internet. Le operazioni via Internet mi eviteranno le file agli sportelli.
Con l'applicazione della banca posso fare operazioni via Internet _che mi eviteranno le file agli sportelli._

5. Grazie al bancomat posso prelevare soldi dagli sportelli automatici. Gli sportelli automatici sono aperti tutto il giorno.
Grazie al bancomat posso prelevare soldi dagli sportelli automatici _che sono aperti tutto il giorno._

6. Michele ha scelto una banca. La banca offre un conto vantaggioso per i neolaureati.
Michele ha scelto una banca _che offre un conto vantaggioso per i neolaureati._

Quaderno degli esercizi — Unità 2

3 Completa le frasi con le parole del riquadro.

> che si trova • che preferiscono • che ospita
> che poi sarebbe diventata • che gioca

1. Ti presento Luca, l'amico _che gioca_ a tennis con me il sabato.
2. A quella festa avevo conosciuto Silvana, _che poi sarebbe diventata_ una mia grande amica.
3. Federico e Chiara hanno visitato un'isola, _che si trova_ vicino alla Toscana, piccola ma molto bella.
4. Il museo _che ospita_ molte opere di Depero, un artista futurista, si trova in Trentino.
5. Sono in aumento gli italiani _che preferiscono_ il treno per le gite del fine settimana.

4 Riscrivi le frasi dell'esercizio 3 sostituendo il pronome *che* con *il/la quale, i/le quali*.

1. Ti presento Luca, l'amico il quale gioca a tennis con me il sabato.;
2. A quella festa avevo conosciuto Silvana, la quale poi sarebbe diventata una mia grande...;
3. Federico e Chiara hanno visitato un'isola, la quale si trova vicino alla Toscana, piccola ma...;
4. Il museo, il quale ospita molte opere di Depero, un artista futurista, si trova in Trentino.;
5. Sono in aumento gli italiani i quali preferiscono il treno per le gite del fine settimana.

5 Completa le frasi con i pronomi a destra, come nell'esempio.

es. L'aereo _b_ viaggiamo è dell'Alitalia.
1. Il professore _d_ prendo lezioni abita vicino a casa mia.
2. La casa _e_ abita Giovanni ha un giardino molto bello.
3. La rivista _f_ scrive Giulio è molto famosa.
4. Il turista _a_ ho dato delle informazioni era americano.
5. Gli amici _c_ sono uscito ieri sera sono molto simpatici.

a. a cui
b. su cui
c. con cui
d. da cui
e. in cui
f. per cui

6 Rispondi alle domande come nell'esempio.

es. Chi è Marcella? *(Gianni esce con lei)*
È la ragazza _con cui esce Gianni._

1. Chi è Giovanna? *(ho viaggiato con lei da Roma a Milano)*
È la ragazza _con cui ho viaggiato da Roma a Milano._
2. Chi sono Ettore e Matteo? *(di loro parla spesso mio fratello)*
Sono i ragazzi _di cui parla spesso mio fratello._
3. Chi sono Federica e Giulia? *(ho prestato a loro i miei appunti)*
Sono le ragazze _a cui ho prestato i miei appunti._

4. Chi è Davide? (*ho venduto a lui il biglietto della partita*)
È il ragazzo a cui ho venduto il biglietto della partita.

5. Chi è Javier? (*sono andata in Spagna con lui a Natale*)
È il ragazzo con cui sono andata in Spagna a Natale.

6. Chi sono quei signori? (*i miei genitori sono andati a Ischia con loro*)
Sono i signori con cui i miei genitori sono andati a Ischia.

Ischia

7 Riscrivi le frasi modificando i pronomi in verde, come nell'esempio.

es. La storia di cui ti ho parlato deve rimanere tra noi.
La storia della quale ti ho parlato deve rimanere tra noi.

1. La città in cui vivo è abbastanza tranquilla.
La città nella quale vivo è abbastanza tranquilla.

2. La carta di credito con cui volevamo pagare non funzionava.
La carta di credito con la quale volevamo pagare non funzionava.

3. Oh no! È stato cancellato il concerto a cui dovevo andare la settimana prossima!
Oh no! È stato cancellato il concerto al quale dovevo andare la settimana prossima!

4. Giovanna è la persona su cui posso contare nei momenti difficili.
Giovanna è la persona sulla quale posso contare nei momenti difficili.

5. Non capisco il vero motivo per cui vuoi cambiare lavoro...
Non capisco il vero motivo per il quale vuoi cambiare lavoro...

6. I miei amici sono le persone di cui mi fido di più.
I miei amici sono le persone delle quali mi fido di più.

8 Usa i pronomi relativi per unire le frasi, come nell'esempio.

es. Alla fine della lezione ho preso uno zaino | lo zaino non era il mio
Lo zaino che ho preso alla fine della lezione non era il mio.

1. Luca ha aperto un conto | il conto è solo per studenti
Il conto che ha aperto Luca è solo per studenti.

2. Questo è il nuovo profumo | fanno la pubblicità del profumo in TV!
Questo è il nuovo profumo di cui fanno la pubblicità in TV!

1. Il treno si è fermato in una città | la città è famosa per l'aceto balsamico
La città in cui si è fermato il treno è famosa per l'aceto balsamico.

2. Questa è l'applicazione delle Poste | con l'applicazione puoi pagare le bollette
Questa è l'applicazione delle Poste con cui puoi pagare le bollette.

3. Giorgio ha vinto una borsa di studio | la borsa di studio gli permetterà di andare in Canada
Giorgio ha vinto una borsa di studio che gli permetterà di andare in Canada.

4. Ho chiesto aiuto a un mio collega | il mio collega è molto disponibile
Il collega a cui ho chiesto aiuto è molto disponibile.

Quaderno degli esercizi

9 a Indica in quali frasi le parti in verde si possono sostituire con *dove*.

1. Sono stato in un ristorante in cui preparano ottimi primi piatti. [x]
2. Per Alessia questo è un periodo in cui tutto va male. [ ]
3. Federico è l'unica persona in cui ho fiducia. [ ]
4. Per le vacanze, ho scelto una spiaggia in cui è possibile arrivare solo a piedi. [x]
5. Sono stato in un locale in cui suonano musica jazz. [x]
6. Il 15 agosto è il giorno in cui ho conosciuto Fabio, l'amore della mia vita. [ ]
7. Quella è la casa in cui è nato Giovanni Verga. [x]

b Ora, dove possible, trasforma le frasi dell'esercizio 9a come nell'esempio.

1. Sono stato in un ristorante dove preparano ottimi primi piatti.
4. Per le vacanze, ho scelto una spiaggia dove è possibile arrivare solo a piedi.
5. Sono stato in un locale dove suonano musica jazz.
7. Quella è la casa dove è nato Giovanni Verga.

10 Collega le due frasi secondo l'esempio. Vedi anche l'Approfondimento grammaticale a pagina 207 del Libro dello studente.

es. Amo un ragazzo | gli occhi del ragazzo sono verdi.
   Amo un ragazzo *i cui occhi sono verdi.*

1. Ho conosciuto un ragazzo | il sogno del ragazzo è viaggiare per il mondo.
   Ho conosciuto un ragazzo il cui sogno è viaggiare per il mondo.

2. Ho aperto un conto corrente | i vantaggi del conto corrente sono molti.
   Ho aperto un conto corrente i cui vantaggi sono molti.

3. Ivo e Daniel telefonano spesso in Brasile | i genitori di Ivo e Daniel vivono a Rio de Janeiro.
   Ivo e Daniel, i cui genitori vivono a Rio de Janeiro, telefonano spesso in Brasile.

4. Ecco il professor Marini | le conferenze del professore Marini sono molto interessanti.
   Ecco il professor Marini le cui conferenze sono molto interessanti.

5. Ho visto un film | l'attrice protagonista di questo film è molto brava, ma non è conosciuta.
   Ho visto un film la cui attrice protagonista è molto brava, ma non è conosciuta

6. Leggo un romanzo | le autrici del romanzo sono francesi.
   Leggo un romanzo le cui autrici sono francesi.

7. Ho rivisto un vecchio film | il titolo del vecchio film è *Poveri ma belli*.
   Ho rivisto un vecchio film il cui titolo è Poveri ma belli.

8. Leggo spesso un blog | i post del blog sono molto interessanti.
   Leggo spesso un blog i cui post sono molto interessanti.

11 Completa la chat con i pronomi relativi.

 Silvia: Allora Carla, sei andata in banca alla fine? Sei riuscita ad aprire il conto _di cui/del quale_ (1) mi avevi parlato?

 Carletta: Allora, sono andata alla banca _che_ (2) mi avevano consigliato le mie compagne. Ho trovato un'impiegata molto gentile che mi ha dato tutte informazioni _di cui/delle quali_ (3) avevo bisogno…

 Ed è davvero così vantaggioso questo conto?

 Direi di sì. È pensato proprio per gli studenti _che_ (4) frequentano la mia università. Prima di tutto non si pagano le spese mensili _che_ (5) devi pagare se apri un conto per lavoratori, e poi, quando paghi con il bancomat in uno dei fast food della zona universitaria, prendi punti!

 Beh, spero che la nostra piadineria preferita sia nella lista dei locali _in cui / nei quali_ (6) possiamo guadagnare punti!

 Sì! 😍 La prossima volta che vieni a trovarmi… offro io!

E poi… Ogni 500 punti hai un buono sconto _che_ (7) puoi utilizzare al supermercato o nei ristoranti! Adesso puoi capire il motivo _per cui/per il quale_ (8) sono così soddisfatta! Ho già pensato di consigliarlo anche a Celine, la studentessa Erasmus _con cui/con la quale_ (9) divido l'appartamento da aprile!

12 Scegli l'alternativa corretta.

1. Non ho capito bene cosa ha detto perciò / quando / <u>perché</u> c'era molto rumore.
2. <u>Come</u> / <u>Per quale motivo</u> / Perciò non dovremmo andare in vacanza quest'anno?
3. Non avevo studiato molto, oppure / ma / <u>perciò</u> ho preferito non dare l'esame.
4. Vorrei sapere <u>come mai</u> / allora / <u>dove</u> trova il tempo di fare tutto!
5. Ha sempre avuto tutto dalla vita, oppure / <u>però</u> / ma perché non è mai contento.
6. <u>Visto che</u> / Quindi / Così è già tardi e tutti iniziamo ad avere fame, io direi di andare a mangiare qualcosa al bar.
7. Perciò / Siccome / <u>Perché mai</u> non mi hai detto che avevi bisogno di soldi?
8. Così / Perché / <u>Siccome</u> pioveva, sono rimasto a casa e ho visto un film.

Quaderno degli esercizi — Unità 2

13 A pagina 28 del Libro dello studente hai letto la candidatura di Marisa. Immagina di essere il direttore della scuola e scrivi l'annuncio a cui ha risposto Marisa. Usa al massimo 100 parole.

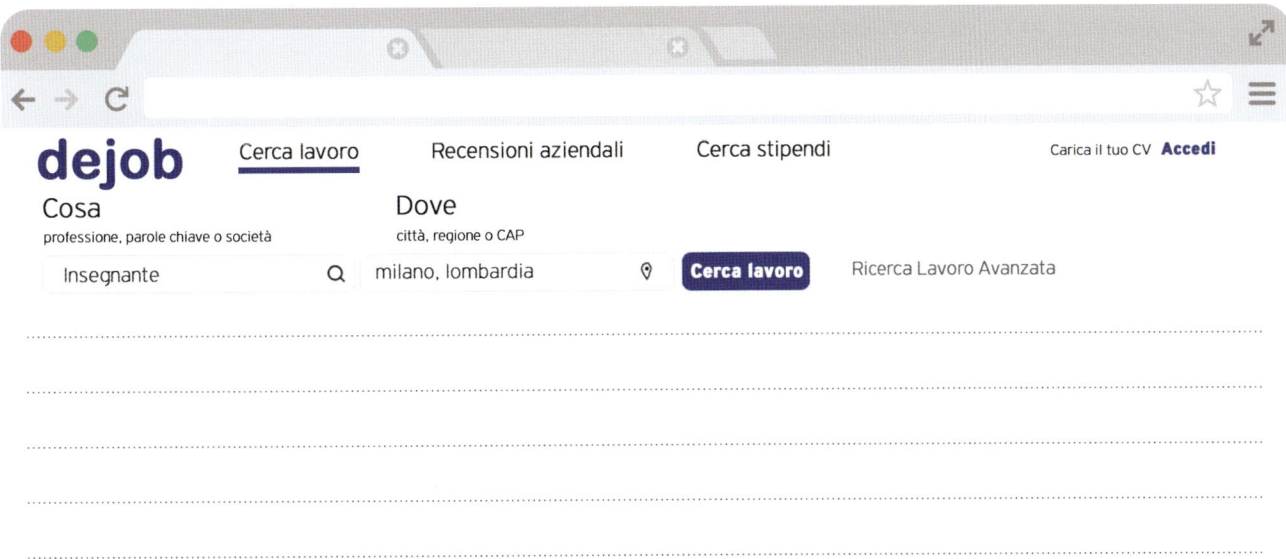

14 Completa i testi con le espressioni date.

Caro
Gentile
Cordiali saluti
Un abbraccio
Le auguro
Grazie mille

Conto attivo
Mario Petito - BDC
a me

Gentile (1) sig. Giovanni Sari,

Le scrivo per informarLa che il conto corrente aperto in data 16 marzo è attivo. Per qualsiasi informazione, mi trova in ufficio dalle 9 alle 16:30.

Le auguro (2) buona giornata.

Cordiali saluti (3)

Dott. Mario Petito
Banca del Corso

Foto matrimonio
a Luca Gattoni

Caro (4) Luca,
Tutto bene? Ho bisogno di un piacere: puoi spedirmi le foto che hai fatto al matrimonio? Sto creando un video di famiglia e magari hai qualche foto interessante…
Grazie mille (5)!
Ci vediamo sabato alla partita!
Un abbraccio (6)
Giovanni

15 *Che* o *chi*? Scegli l'alternativa corretta.

1. Non svegliare il can chi/**che** dorme.
2. **Chi**/Che lascia la vecchia via per quella nuova, sa quello chi/**che** lascia, ma non sa quello chi/**che** trova.
3. **Chi**/Che fa da sé fa per tre.
4. Meglio soli chi/**che** male accompagnati.
5. **Chi**/Che trova un amico trova un tesoro.
6. Natale con i tuoi, Pasqua con **chi**/che vuoi.
7. **Chi**/Che dorme non piglia pesci.
8. Meglio un uovo oggi chi/**che** una gallina domani.

16 Metti in ordine le parole per formare le frasi, come nell'esempio. Comincia con le parole in verde.

es. che | in anticipo | mi | tutti | ringrazio | coloro | aiuteranno!
Ringrazio in anticipo tutti coloro che mi aiuteranno!

1. quello | sono | non | con | dici! | d'accordo | che
Non sono d'accordo con quello che dici!

2. faranno | assumerà | quelli | il Governo | che | il concorso. | tutti
Il Governo assumerà tutti quelli che faranno il concorso.

3. sentito | che ha | Luca? È una | ciò | detto | vergogna! | hai
Hai sentito ciò che ha detto Luca? È una vergogna!

4. il colloquio. | l'ufficio risorse umane | chi | ha | contatterà | passato
L'ufficio risorse umane contatterà chi ha passato il colloquio.

5. non guasta! | che | oltre che | è anche gentile, | simpatico | il
Oltre che simpatico, è anche gentile, il che non guasta!

17 a Completa il testo con le parole date.

*conversazione ♦ candidati ♦ curricula ♦ posizione
intervista ♦ azienda ♦ scambio ♦ carattere*

Come prepararsi per un colloquio telefonico?

Il colloquio telefonico rappresenta spesso il primo contatto tra un candidato e un' *azienda* (1) alla ricerca di personale. Di solito avviene dopo la prima fase di valutazione dei *curricula* (2) e si tratta di una breve *intervista* (3), di solito di 30 minuti. Il *carattere* (4) apparentemente non formale può farlo sembrare meno importante, ma, anche durante la *conversazione* (5) telefonica, la prima impressione è decisiva!
Prima del colloquio rileggi lo *scambio* (6) di email con l'ufficio risorse umane e studia bene la descrizione della *posizione* (7). Potrebbe sembrarti un consiglio banale, ma ricordare i dettagli potrebbe fare la differenza tra te e gli altri *candidati* (8).

b Completa la seconda parte dell'articolo con i verbi dati all'imperativo diretto.

Quando sei al telefono, *segui* (1. *seguire*) questi semplici consigli:

- *Rispondi* (2. *Rispondere*) in maniera diretta alle domande, *sii* (3. *essere*) positivo e *controlla* (4. *controllare*) il tono della voce.
- *Racconta* (5. *Raccontare*) le esperienze e le competenze che ritieni utili per la posizione lavorativa descritta nell'annuncio e *cerca* (6. *cercare*) di trasmettere la tua motivazione.
- *Da'* (7. *Dare*) motivo all'interlocutore di ricordarsi di te.
- A fine telefonata, *chiedi* (8. *chiedere*) al selezionatore quali saranno i passaggi successivi.
- *Saluta* (9. *Salutare*) in modo cortese e *ringrazia* (10. *ringraziare*) per l'attenzione ricevuta.

18 Osserva le immagini e completa le frasi che seguono con le espressioni *stare* + gerundio o *stare per* + infinito.

1. *Stavo facendo* (Fare) la doccia, per questo non ho sentito il telefono.
2. Tiziano devi scendere, il treno *sta per partire* (partire).
3. Che succede, Elena? A cosa *stai pensando* (pensare)? Dai, lascia perdere! Facciamo una passeggiata nel parco!
4. Pronto, Roberto, sei arrivato?
   • Sì, ti *stavo per telefonare* (telefonare) io. Il taxi mi ha appena lasciato davanti a casa.
5. Giulia, cosa fai? Usciamo?
   • No, grazie! *Sto guardando* (Guardare) un film e voglio vedere come va a finire.
6. Ciao Michele, cosa ci fai qui?
   Sto aspettando (Aspettare) Maria, dovrebbe uscire tra poco. Per caso l'hai vista?

19 Metti in ordine le battute del colloquio.

[4] Perché questa azienda può darmi la possibilità di mettere in pratica le ricerche fatte per la tesi di laurea.

[8] Forse il mio carattere introverso. Lo considero allo stesso tempo il mio pregio e il mio difetto: a volte mi è utile, altre volte, invece, può essere un limite.

[2] Mi chiamo Matteo Morgutti e ad aprile mi sono laureato in Ingegneria al Politecnico di Torino.

[10] Sono all'inizio della mia carriera. Spero di superare molte prove, di crescere all'interno di un'azienda come questa e di essere una risorsa.

[6] Ho un modo originale di vedere i problemi, e quindi di risolverli. Questo mi ha aiutato in molti casi.

[5] Quali sono i suoi punti di forza?

[1] Buongiorno, mi dica qualcosa di lei.

[3] Perché si è candidato per questa posizione?

[9] Quali sono i suoi obiettivi per il futuro?

[7] Quali sono i suoi punti deboli?

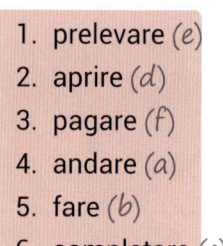

20 Collega i verbi della prima colonna alle espressioni della seconda colonna.

1. prelevare (*e*)
2. aprire (*d*)
3. pagare (*f*)
4. andare (*a*)
5. fare (*b*)
6. completare (*c*)

a. in banca
b. un assegno
c. la procedura
d. un conto corrente
e. allo sportello automatico
f. in contanti

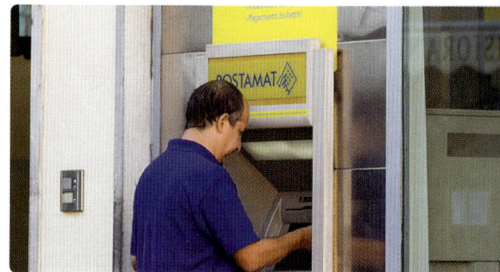

21 Federica Blasi ha inviato una mail alla "Starcom Italia", un'azienda di telecomunicazioni che cerca un nuovo direttore del personale. Leggi e completa la mail scegliendo l'alternativa corretta.

File | Messaggio | Inserisci | Opzioni | Formato testo | Revisione

Da: federicablabla@hotmail.com
A...: starcom.uff.personale@libero.it
Cc...:
Oggetto: invio CV

Spett.le Starcom Italia,

in riferimento al vostro annuncio apparso sul sito web cerco-lavoro.com il 9 settembre scorso, invio alla vostra cortese attenzione/fiducia (1) il mio CV.

Come potrete vedere, sono in possesso delle competenze e dei requisiti da Voi domandati/richiesti (2): mi sono diplomata/laureata (3) in Economia e Commercio a pieni voti, presso la Normale di Pisa, e ho conseguito il Master in Organizzazione aziendale, presso l'Università Bocconi di Milano. Ho collaborato/trascorso (4) circa un anno alla Princeton University, negli Stati Uniti. Questa importante esperienza mi ha dato anche l'opportunità di perfezionare la mia conoscenza/conversazione (5) dell'inglese. La mia prima esperienza universitaria/lavorativa (6) risale a due anni fa, come Responsabile del personale, da/presso (7) la Interdata di Milano, un'azienda che si occupa di trasporti e dove lavoro ancora oggi a tempo pieno. Ho deciso di rispondere al Vostro annuncio, perché il mio desiderio sarebbe quello di ricoprire un posto di responsabilità in una grande azienda come la Starcom Italia, per poter dimostrare la mia preparazione e metterla a Vostra disposizione.

Buoni/Distinti (8) saluti,

Federica Blasi

Rispetta l'ambiente: se non ti è necessario, non stampare questa e-mail

Quaderno degli esercizi — Unità 2

22 Leggi le affermazioni che seguono e dopo ascolta l'intervista a un impiegato di banca. Indica le cinque informazioni presenti.

1. [x] La persona intervistata darà informazioni su come aprire un conto.
2. [ ] Il sito web della banca fornisce informazioni in quattro lingue.
3. [x] Prima di firmare un contratto è sempre bene leggere le condizioni.
4. [x] La banca offre molti servizi di diverso genere.
5. [x] Tra i servizi ci sono i finanziamenti per l'acquisto di una casa.
6. [ ] I clienti non amano molto usare i servizi online della banca.
7. [x] Esistono carte di credito prepagate.
8. [ ] La banca offre servizi specifici per studenti stranieri.

23 Completa gli annunci con le preposizioni.

a

b

c

Corso gratuito di chitarra

Il corso è organizzato _dall'_ (1) Associazione Erga. Sono previsti quattro incontri _nel_ (2) mese di marzo. Appuntamento ogni martedì, dalle ore 18.30 _alle_ (3) 20, presso la sede dell'associazione, in via Giordano 46.

Il corso è riservato a ragazzi _dai_ (4) 10 ai 20 anni. Per informazioni e prenotazioni chiamate il 081-45291.

Corso di russo su misura

Impara il russo _con_ (5) il metodo *Erasmus house*! Contattaci per conoscere le caratteristiche _dei_ (6) nostri corsi, i costi, gli orari e trovare il corso giusto _per_ (7) te! Offriamo:
- ✓ corsi _di_ (8) gruppo
- ✓ corsi individuali (pacchetti di 10 lezioni)
- ✓ corsi personalizzati con un amico o collega _dello_ (9) stesso livello linguistico

Quota di iscrizione: euro 60

Laboratorio di cucina per bambini

Un laboratorio per bambini dai 5 ai 12 anni per far conoscere _ai_ (10) più piccoli il cibo e le tecniche di cucina. Alla fine _del_ (11) laboratorio ogni bimbo porterà a casa la sua creazione con la ricetta e l'elenco _degli_ (12) ingredienti utilizzati. Il costo del corso è _di_ (13) 10 euro. La prenotazione è obbligatoria. Scrivete una mail _a_ (14) mammacucinotta@pappato.it.

A Completa il testo con i pronomi relativi.

Mauro e i "mammoni" italiani

Questa è la storia di Mauro, un ragazzo ......*che*...... (1) cerca un lavoro sicuro da anni, come molti altri giovani italiani della sua età. Mauro ha 34 anni e negli ultimi 10 anni ha fatto lavori precari, cioè non stabili, e senza contratto. Naturalmente, il lavoro ......*che*...... (2) lui preferirebbe fare è l'architetto, professione ......*per cui*...... (3) ha studiato, ma purtroppo è un campo ......*in cui*...... (4) è difficile entrare, soprattutto per ......*chi*...... (5), come Mauro, è ancora considerato "giovane". Un altro problema dell'Italia, infatti, è che sono considerati "giovani" tutti *coloro / quelli che* (6) hanno fino a 30-35 anni e sono molti i 35enni ......*che*...... (7) vivono ancora con i genitori, spesso proprio per la mancanza di un lavoro fisso e la possibilità di pagare l'affitto.

B Completa le frasi con i relativi dati.

la quale ♦ *il che* ♦ *quello che* ♦ *coloro che* ♦ *in cui*

1. Giulia non dice mai ......*quello che*...... pensa.
2. Chi cerca, trova. ......*Il che*...... è quasi sempre vero.
3. ......*Coloro che*...... hanno deciso di dare l'esame devono iscriversi in segreteria.
4. La banca ......*in cui*...... ho aperto il conto è in centro.
5. Mamma, c'è al telefono la zia di Sandro, ...*la quale*...... aveva telefonato anche ieri.

C Scegli le alternative corrette.

1. • Ho comprato un vestito nuovo ..*c*.. (1) desideravo da tempo.
   • Non capisco il motivo ..*a*.. (2) continui a spendere metà del tuo stipendio in vestiti.
   (1) a. la quale   (2) a. per cui
       b. cui   b. su cui
       c. che   c. che

2. • "..*a*.. (1) dorme non piglia pesci", lo sai?!
   • Sì, ma la cosa ..*c*.. (2) ho più bisogno adesso è dormire!
   (1) a. Chi   (2) a. con cui
       b. Colui   b. il che
       c. Su cui   c. di cui

3. • Luca, dai, stiamo per ..*b*.. (1)! Sei pronto?
   • Un attimo! ..*b*.. (2) aiutando Francesca a fare i compiti!
   (1) a. partendo   (2) a. che
       b. partire   b. sto
       c. porta   c. sto per

Test finale — Unità 2

4. _a_ (1) signor Carletti.
   Le porgiamo _b_ (2) saluti.
   - (1) a. Egregio
     - b. Spettabile
     - c. Cordiale
   - (2) a. cordialmente
     - b. cordiali
     - c. tanti

5. Il _a_ (1) di questa lettera è il _c_ (2) del personale.
   - (1) a. destinatario
     - b. destinato
     - c. saluto
   - (2) a. regista
     - b. conduttore
     - c. direttore

D Risolvi il cruciverba.

Orizzontali
3. Chi trova un amico, trova un …
6. Stefano paga sempre con la carta di …
7. In chiusura di una mail formale, scriviamo: … saluti.
8. Lavora per un giornale o per la TV.

1. CANDIDATO
2. CURRICULUM
3. TESORO
6. CREDITO
7. CORDIALI
8. GIORNALISTA
4. COLLOQUIO
5. CONTANTI

Verticali
1. Chi risponde a un annuncio e si propone per un lavoro.
2. Quando cerchiamo lavoro, inviamo il nostro … vitae.
4. Valentina, come è andato il … di lavoro che avevi ieri?
5. Non pagare con il bancomat, ma …

Risposte giuste: ……… /30

Unità 3 — In viaggio per l'Italia

Quaderno degli esercizi

 1 Rileggi o riascolta il dialogo a pagina 40 e rispondi alle domande. *Tutte le risposte sono libere*

1. Perché Gianna propone a Lorenzo di fare un viaggio insieme? *Perché il papà di Gianna ha vinto un viaggio, ma non ci può andare con la moglie.*
2. Perché Lorenzo preferirebbe Roma a Firenze? *Perché a Firenze fa un freddo cane.*
3. Lorenzo che cosa pensa di Venezia? *Per Lorenzo, Venezia è bella quanto Roma, ma a Roma c'è meno umidità di Venezia e non c'è l'acqua alta.*
4. Perché Lorenzo non è d'accordo ad andare a Napoli? *Perché il viaggio è lungo: hanno solo due giorni e ci metterebbero 5 ore per arrivare.*
5. Perché, secondo Gianna, Lorenzo è fissato con Roma? *Perché a Roma vive Grazia, la ragazza di cui si è innamorato Lorenzo l'estate scorsa.*

2 Osserva le immagini e indica la frase corretta.

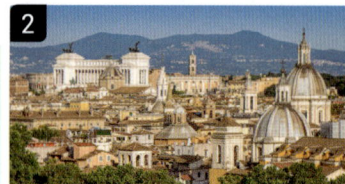 

1.
   a. La bici è più veloce della moto.
   b. [x] La bici è meno veloce della moto.
   c. La bici è veloce come la moto.

2.
   a. [x] Roma è più antica di New York.
   b. Roma è antica come New York.
   c. Roma è meno antica di New York.

3.
   a. La gonna è cara quanto la maglietta.
   b. [x] La gonna è meno cara della maglietta.
   c. La gonna è più cara della maglietta.

4.
   a. Francesca è più allegra di Marta.
   b. Francesca è allegra come Marta.
   c. [x] Francesca è meno allegra di Marta.

5.
   a. Mara è grande come Giovanni.
   b. [x] Mara è più grande di Giovanni.
   c. Mara è meno grande di Giovanni.

6.
   a. [x] Il cavallo è più pesante del cane.
   b. Il cavallo è pesante come il cane.
   c. Il cavallo è meno pesante del cane.

Quaderno degli esercizi — Unità 3

3 Metti in ordine le parole per formare le frasi.

1. più | sembra | di Treviso. | Milano | caotica
   Milano sembra più caotica di Treviso.

2. colpa | prendertela | nessuno, | è | la | solo | Non | con | tua!
   Non prendertela con nessuno, la colpa è solo tua!

3. l | di | la | cavano | ragazzi | senza | se | anche | noi.
   I ragazzi se la cavano anche senza di noi.

4. Non | mano | ce la | dai | favore? | faccio | da | mi | solo, | una | per
   Non ce la faccio da solo, mi dai una mano per favore?

5. giovane, | Lucia | è | più matura, | ma | più | di Marta
   Lucia è più giovane, ma più matura di Marta.

6. colorata | Venezia è | Secondo me, | bella e | Napoli. | quanto
   Secondo me, Venezia è bella e colorata quanto Napoli.

Treviso, Italia

4 Osserva le immagini e scrivi delle frasi usando gli aggettivi indicati. Ricordati di modificare l'aggettivo in base al genere del sostantivo!

(basso +) *Mario è più basso di Chiara.*
(alto −) *Mario è meno alto di Chiara.*

(giovane −) *La nonna è meno giovane di Luca.*
(vecchio +) *La nonna è più vecchia di Luca.*

(fresco +) *La mozzarella è più fresca del Grana Padano.*
(fresco −) *Il Grana Padano è meno fresco della mozzarella.*

(piccolo −) *L'anguria è meno piccola della ciliegia.*
(grande +) *L'anguria è più grande della ciliegia.*

(dolce =) *Il tiramisù è (tanto) dolce quanto la panna cotta.*

5 Usa gli aggettivi e i suggerimenti per completare le frasi, come nell'esempio.

grande ♦ saporito ♦ divertente ♦ *sportivo* ♦ aromatico ♦ magro

Lucia — Matteo
Lucia è molto più sportiva di Matteo... E si vede: è proprio in forma!

lo zio Giulio — Mario
Lo zio Giulio è più grande di Mario, che ha dieci anni.

il signor Bruno — lui
Il signor Bruno mangia meno dolci del signor Renzo: infatti *è più magro di lui*!

pallavolo — nuoto
La pallavolo è più divertente del nuoto perché si gioca in squadra.

caffè — cappuccino
Il caffè è più aromatico del cappuccino perché non ha il latte.

formaggio — pane
Il formaggio è più saporito del pane, anche se questo pane con le noci è buonissimo!

6 Completa i dialoghi come nell'esempio.

es. • Scrivi molte email ai tuoi amici?
　　• Mi piace *più* telefonare *che* scrivere.

1. • Dove fa più freddo, al Sud o al Nord?
　　• Al Sud fa *più* caldo *che* al Nord.

2. • Perché non vai mai a teatro?
　　• *Più che* andare a teatro, amo andare al cinema.

3. • Secondo te, in questo momento è facile trovare un lavoro a tempo indeterminato?
　　• Mah... Secondo me, oggi è *più* difficile trovare un lavoro a tempo indeterminato *che* in passato.

4. • Rita preferisce leggere o guardare le serie TV?
　　• Rita lavora tanto, perciò la sera ha *più* voglia di guardare la televisione *che* di leggere.

5. • Anche da voi in estate non deve essere piacevole rimanere in città...
　　• Certo, in estate andare al mare è sicuramente *più* piacevole *che* restare a Roma.

6. • Bevi più caffè o tè?
　　• Quando lavoro, bevo *più* caffè *che* tè.

Quaderno degli esercizi — Unità 3

7 Scegli l'alternativa corretta.

1. Adriano è più in gamba di/che suo fratello Francesco.
2. Mi piace tanto/quanto la corsa tanto/quanto il nuoto, ma il mio sport preferito è il ciclismo.
3. L'esame di Storia è più difficile dell'/che l' esame di Informatica.
4. Più di/che simpatico, Luciano è ironico.
5. I clienti dicono che io sono più brava di/che Luisa a fare il caffè... e Luisa dice sempre che è perché a me piace più chiacchierare di/che lavorare!
6. Mia nonna dice sempre che noi napoletani siamo più ospitali dei/che i romani... mentre, secondo mio nonno, siamo più cortesi di/che ospitali. Io penso che siamo tanto ospitali tanto/quanto cortesi.

8 Completa i mini dialoghi con le forme di comparazione, come nell'esempio.

es. • Secondo me, domenica vincerà l'Inter!
 • Non è vero: quest'anno la Roma è _più_ forte _dell'_ Inter.
 • Secondo me, la Roma è _più_ fortunata _che_ forte.

1. • Patrizia è veramente una ragazza timida!
 • È vero, ma dovresti conoscere la sorella: è ancora _più_ timida _di_ lei.
 • Sì, l'ho conosciuta, ma _più_ _che_ timida mi sembra un po' riservata.
2. • L'aereo sarà anche _più_ veloce _del_ treno, ma io ho paura.
 • Allora usa la macchina!
 • No, perché è _più_ cara _del_ treno.
3. • Come va il negozio? Avete venduto molte scarpe quest'anno?
 • Sì, in particolare abbiamo venduto _più_ scarpe da uomo _che_ scarpe da donna.
4. • Giacomo è un ragazzo in gamba!
 • Secondo me, suo fratello Riccardo è _più_ intelligente _di_ Giacomo.
 • No, per me è _più_ furbo _che_ intelligente.
5. • Hai visto la nuova casa di Pierangelo? È molto bella.
 • Mah, _più_ _che_ bella è particolare: ha uno stile molto moderno!

9 Rispondi liberamente alle domande.

1. Quando fai colazione al bar, prendi più spesso un caffè o un cappuccino?
 Io _____.
2. Ti piacciono di più le vacanze al mare o in montagna?
 Mi piacciono _____.
3. Per te è più bella la campagna o la città?
 Secondo me, _____.
4. La tua città è più vivace o più caotica?
 Per me _____.
5. Preferisci viaggiare in treno o in aereo?
 Più che _____.
6. Mangi più verdura o più cereali?
 Io mangio _____.

10 Metti in ordine le frasi, cominciando dalle parole in verde.

in periferia. | più | gli appartamenti | in Italia, | che | sono | cari | in centro
In Italia gli appartamenti in centro sono più cari che in periferia.

che | il Sud | più | piace | il Nord Italia. | a Stefano
A Stefano piace più il Sud che il Nord Italia.

del | libro | di Michela Murgia | quest'ultimo | precedente. | è | più | bello
Quest'ultimo libro di Michela Murgia è più bello del precedente.

la chitarra | cantare. | a me | più | piace | suonare | che
A me piace più suonare la chitarra che cantare.

europea | Teresa | italiana. | si sente | tanto | quanto
Teresa si sente tanto europea quanto italiana.

più | ai miei figli | piace | andare | in estate, | al mare | in montagna. | che
In estate ai miei figli piace più andare al mare che in montagna.

11 Completa i nomi dei servizi rappresentati dai simboli.

w i - f i
gratuito

TV
s a t e l l i t a r e

aria
c o n d i z i o n a t a

p i s c i n a

p a r c h e g g i o

n a v e t t a
aeroporto

a n i m a l i
domestici

p a l e s t r a

r i s t o r a n t e

Quaderno degli esercizi — Unità 3

12 Metti in ordine le battute del dialogo.

- [8] Eh sì, ha proprio ragione... Confermo subito la prenotazione per una suite familiare. Grazie e a presto.
- [2] Buongiorno, sono il signor Martini. Ho visto che c'è un'offerta per la settimana prossima e vorrei qualche informazione in più prima di prenotare.
- [7] La piscina è in giardino, riscaldata. Si accede alla piscina dal centro benessere, dove ci sono la sauna e la palestra. Gliele consiglio per rilassarsi... soprattutto dopo una giornata sulla neve.
- [4] L'albergo quanto è lontano dalle piste da sci?
- [5] Circa dieci chilometri, ma c'è il servizio navetta gratuito ogni 20 minuti circa.
- [3] Certo, mi dica...
- [6] Bene! Un'altra cosa, la piscina è interna o esterna?
- [1] Hotel Plan de Corones, buongiorno. Come posso aiutarla?

Plan de Corones, Italia

13 Completa le recensioni con le parole date.

personale ♦ proprietario ♦ posizione ♦ navetta ♦ musei ♦ colazione ♦ chilometri ♦ cortese ♦ Internet ♦ freschi ♦ giardino ♦ balcone ♦ doccia ♦ animali ♦ piscina

a) L'HOTEL DELL'IMPERATORE ★★★★☆

Ottimo hotel! Molto pulito e *personale* (1) gentile e riservato. Camere ampie e pulite; il letto supercomodo!
Anche la *posizione* (2) è perfetta: ci sono diversi ottimi ristoranti a due passi dall'hotel. *Internet* (3) molto veloce.
Due soli problemi: il primo riguarda la *colazione* (4): troppo povera per un 4 stelle, non c'era nemmeno il caffè espresso! Il secondo riguarda la *piscina* (5): nelle foto sembra grande e luminosa, invece è sì riscaldata ma è piccola e non ci sono finestre.

b) UN B&B PER FAMIGLIE ★★★★☆

Questo bed&breakfast è una casa arredata con gusto. Perfetta per una vacanza rilassante in un luogo incantevole a pochi *chilometri* (6) da Assisi.
Ottima anche per coppie con figli piccoli che potranno giocare in *giardino* (7) dove c'è un'area con giochi riservata a loro.
Roberto, il *proprietario* (8), è di una disponibilità assoluta, *cortese* (9) e, al bisogno, sempre presente.
Non ho dato 5 perché in alcune stanze la *doccia* (10) era piccola e scomoda.

c) UNA CUCCIA A FIRENZE ★★★★★

Trovare una sistemazione in centro che accetta *animali* (11) e che offre anche la *navetta* (12) aeroportuale dove fanno entrare i nostri amici a quattro zampe è praticamente impossibile! 5 stelle solo per questo!
Il *balcone* (13) privato, poi, è il posto perfetto per rilassarsi a fine giornata, magari dopo tante ore a visitare i *musei* (14) della città.
Due note negative: le camere non sono silenziose e la colazione... mi aspettavo prodotti *freschi* (15), invece è tutto confezionato!

14 Completa il testo con i superlativi dati.

più lunga del mondo ♦ il più tipico ♦ più recenti ♦ più pesante del mondo
più alto del mondo ♦ più grande del mondo

I RECORD MADE IN ITALY

L'organizzazione *Guinness World Records* ogni anno esamina più di cinquantamila richieste (e ne accetta seimila!) da 174 Paesi del mondo. L'Italia è sempre protagonista... ma quali sono i primati italiani *più recenti* (1)?

▸ Il *profiterole* *più pesante del mondo* (2)! Pesa ben 430 chili! Lo hanno realizzato a Latina con novemila bignè, duecento chili di crema chantilly e duecento chili di glassa al cioccolato!

▸ La zeppola di San Giuseppe *più grande del mondo* (3)... ora tutti conoscono *il più tipico* (4) tra i dolci preparati per la Festa del papà! Un totale di circa 84 chili per oltre un metro di diametro!

▸ Il panettone *più alto del mondo* (5)! 100 ore di lavorazione per ottenere il tipico dolce di Natale: un metro e mezzo di altezza!

▸ La pizza *più lunga del mondo* (6) è stata realizzata a Napoli! 250 chef hanno realizzato una pizza di 1.853,88 metri! 2.000 chili di farina, 1.600 di pomodori, 2.000 di mozzarella e 200 litri di olio d'oliva!

15 Completa queste opinioni su alcuni alberghi con il superlativo assoluto degli aggettivi dati.

bello ♦ buono ♦ caro ♦ centrale ♦ male ♦ molto ♦ lontano ♦ tranquillo

ALBERGO REALE

L'hotel, per quello che offre, è *carissimo* (1)! È vero che siamo andati in alta stagione, ma il prezzo della camera è esagerato: è *lontanissimo* (2) dalla spiaggia, le camere sono piccole e al ristorante è meglio non andarci. Noi ci siamo trovati *malissimo* (3)!

HOTEL ACQUA E SOLE

L'hotel è *bellissimo* (4)! Arredato con gusto! Sembra un hotel a 5 stelle! C'è la doccia con idromassaggio e la sauna è sempre accesa. Anche il ristorante è molto bello e il cibo *buonissimo* (5)!

ALBERGO IL DUOMO

Hotel *centralissimo* (6), si trova esattamente a Piazza Duomo. È moderno e offre *moltissimi* (7) servizi: servizio in camera, lavanderia, navetta per l'aeroporto gratuita... Unico difetto, proprio per la sua posizione: non è *tranquillissimo* (8), la sera arriva la musica dei locali.

Quaderno degli esercizi — Unità 3

16 Forma delle frasi con il superlativo assoluto e il superlativo relativo, secondo il modello.

es. Carlo | timido | classe.
Carlo è timidissimo, ma non è il più timido della classe.

1. Quadro | prezioso | museo.
Questo quadro è preziosissimo, ma non è il più prezioso del museo.

2. Camera | grande | albergo
Questa camera è grandissima, ma non è la più grande dell'albergo.

3. Esercizi di matematica | difficili | libro
Questi esercizi di matematica sono difficilissimi, ma non sono i più difficili del libro.

4. Vino | buono | lista
Questo vino è buonissimo, ma non è il più buono della lista.

5. Hotel | caro | zona
Questo hotel è carissimo, ma non è il più caro della zona.

6. Studenti | bravi | scuola
Questi studenti sono bravissimi, ma non sono i più bravi della scuola.

17 In base alle informazioni date, scrivi due frasi scegliendo tra le forme di comparazione (maggioranza, minoranza, uguaglianza) e una frase scegliendo tra il superlativo relativo e il superlativo assoluto.

1. **monti — alto**
Monte Cervino: m. 4.478 | Monte Rosa: m. 4.634 | Monte Everest: m. 8.848
Il monte Rosa è più alto del monte Cervino.
L'Everest è il monte più alto del mondo.

2. **università — antico**
Università di Bologna: 1088 | Università di Parigi: 1150 | Università di Oxford: 1096
L'università di Oxford è più antica dell'università di Parigi.
L'università di Bologna è antichissima.

3. **fiumi — lungo**
Nilo: 6.671 km | Gange: 2.700 km | Po: 652 km
Il Po è meno lungo del Gange.
Il Nilo è il fiume più lungo.

4. **animali — grande**
elefante | cavallo | cane
Il cavallo è più grande del cane.
L'animale più grande è l'elefante.

5. **città — abitanti**
Roma: 2.856.133 | Napoli: 959.188 | Tokyo: 14.000.000
Napoli ha meno abitanti di Roma.
Tokyo ha tantissimi/moltissimi abitanti.

6. **mezzi di trasporto — veloce**
automobile | bicicletta | aereo
La bicicletta è meno veloce dell'automobile.
L'aereo è il mezzo di trasporto più veloce.

Napoli

18 Completa le frasi con i superlativi irregolari dati.

massima • massimo • ottima • pessimo • pessima • minima

1. A tennis, hai perso la partita perché non hai dato il ..*massimo*.. .
2. Non sono contento per niente; abbiamo pagato tanto e il servizio era ..*pessimo*.. .
3. Questo è un caso che richiede la ..*massima*.. attenzione!
4. Quest'inverno non ha fatto molto freddo: la temperatura ..*minima*.. è stata -3 gradi.
5. Non dovresti rinunciare a questo lavoro, è davvero un' ..*ottima*.. occasione per te!
6. Andare al mare in macchina oggi con questo traffico è stata proprio una ..*pessima*.. idea!

19 Completa le frasi con i comparativi irregolari dei seguenti aggettivi. Attenzione: gli aggettivi non sono in ordine.

alto • basso • buono • cattivo • grande • piccolo

1. Quest'anno abbiamo avuto un inverno caldo: le temperature sono state ..*superiori*.. agli altri anni.
2. Io al posto tuo, comprerei questa camicia, l'altra costa meno ma è di qualità ..*peggiore*.. .
3. Questo è Carlo, mio fratello ..*maggiore*..: ha 2 anni più di me.
4. Lei è Sara, mia sorella ..*minore*.., la piccola di casa, ha compiuto ieri 6 anni.
5. Il nostro palazzo ha tre piani: io abito all'ultimo, al piano ..*inferiore*.. i miei genitori e al primo ci abita mia sorella.
6. Buona questa pizza, ma quella che abbiamo mangiato a Napoli era ..*migliore*.. .

20 Completa con le preposizioni semplici o articolate negli spazi in **nero** e con i termini dati negli spazi in verde.

servizio clienti • struttura • camera • prenotazione • alloggio • pernottare

Un'esperienza negativa... finita bene!

Quando io e il mio ragazzo abbiamo deciso ..*di*.. (1) fare un viaggio a Siena, non ci aspettavamo di passare uno ..*dei*.. (2) peggiori fine settimana dell'anno!

Abbiamo cercato un bed and breakfast perché volevamo portare ..*con*.. (3) noi Ercole, il nostro cane, e ci sembrava che saremmo stati più comodi in una ..*struttura*.. (4) di questo tipo che in albergo.

Quando abbiamo prenotato una ..*camera*.. (5), per noi e il nostro cane, non ci sono stati problemi; all'arrivo ..*al*.. (6) bed and breakfast Villa Fiore, però, il personale di turno ci ha detto in modo scortese che la nostra ..*prenotazione*.. (7) non c'era e che l'unica soluzione era ..*pernottare*.. (8) in un altro locale. L' ..*alloggio*.. (9) però era sporco e umido, non era per niente adatto ..*a*.. (10) ospitare persone!

Abbiamo contattato subito il ..*servizio clienti*.. (11) di *facilebb.it* e, in meno ..*di*.. (12) un'ora, ci ha trovato una camera disponibile ..*in*.. (13) un albergo poco lontano e, anche se era molto più costosa ..*di*.. (14) quella di Villa Fiore, non abbiamo pagato la differenza!

Quaderno degli esercizi — Unità 3

21 Fai l'abbinamento.

1. Vorrei prenotare *(d)*
2. Può dirmi, per favore, *(e)*
3. La camera ha *(f)*
4. Ho un piccolo cane, *(a)*
5. Vorrei due camere *(b)*
6. È possibile aggiungere *(c)*

a. posso portarlo con me?
b. singole con bagno privato.
c. un letto extra per il bambino?
d. una camera matrimoniale.
e. il prezzo totale per due notti?
f. l'aria condizionata?

22 Ascolta l'intervista al proprietario di un albergo. Al secondo ascolto completa con le parole mancanti (massimo quattro).

1. Poi, terminata l'università, *ho frequentato una scuola* alberghiera, ho affiancato mio padre per una decina d'anni.
2. Va be', decisamente il periodo estivo, però anche in primavera c'è *un discreto afflusso*.
3. Gli italiani *sono al primo posto*, poi ci sono i tedeschi e gli inglesi.
4. Glieli illustro con gran piacere: un ambiente *tranquillo, riposante*, un'assoluta privacy nelle camere.
5. E poi abbiamo ovviamente le biciclette a disposizione per esplorare le *magnifiche zone qui intorno*.
6. È un po' il nostro *punto di forza*, la cucina, che curiamo con particolare attenzione...
7. A colazione c'è *un buffet ricchissimo*, sia a pranzo che a cena tutti i giorni c'è un menù a scelta con pesce, carne, buffet con verdure fresche.

A Alcune di queste frasi sono sbagliate: riscrivile correttamente.

1. Per me è più importante parlare di scrivere in una lingua straniera.
   Per me è più importante parlare che scrivere in una lingua straniera.

2. Giorgio è il più alto tra la sua classe.
   Giorgio è il più alto della sua classe.

3. Giovanna è una ragazza tanto bella quanto simpatica.
   _____

4. Una villa è la più costosa di un semplice appartamento.
   Una villa è più costosa di un semplice appartamento.

5. La mia casa è la più nuova della tua.
   La mia casa è più nuova della tua.

6. Scusami, ma non ho potuto trovare una sistemazione migliore.
   _____

B Usa i suggerimenti per completare il testo con comparativi e superlativi.

Ciao a tutti! Sono Lucia, una romana che vive a San Francisco da quattro anni. Qui mi trovo benissimo, ma oggi voglio raccontarvi alcune differenze l'Europa e gli Stati Uniti riguardo alle macchine e alle strade!

▶ Le macchine europee sono *più piccole delle* (1. *piccolo*) macchine americane: in Europa, infatti, nelle grandi città è *difficilissimo* (2. *difficile*) trovare parcheggio, direi quasi impossibile! Per questo motivo servono macchine piccole, come la nostra Cinquecento.

▶ Le strade nelle città americane, invece, sono molto *più larghe delle* (3. *largo*) strade italiane, con tante corsie e soprattutto con degli incroci *complicatissimi* (4. *complicati*)!

▶ Qui in America tutti usano la macchina e poi si lamentano del traffico all'ora di punta! Anche se i mezzi di trasporto sono *più affidabili che* (5. *affidabile*) in Europa, gli americani preferiscono guidare!

▶ La benzina negli Stati Uniti è molto *più economica che* (6. *economico*) in Europa: agli americani bastano molti meno soldi per fare il pieno alla macchina.

Io, comunque, ho trovato la soluzione *migliore* (7. *buono*): ho comprato una bicicletta e mi sposto in città nel modo *più ecologico di* (8. *ecologico*) tutti!

C Scegli l'alternativa corretta.

1. Per il nostro giardino, la pioggia è *c* (1) utile *b* (2) sole.
   (1) a. quanto
       b. come
       c. tanto
   (2) a. così il
       b. quanto il
       c. del

2. Tutti dicono che Laura è una ragazza *b* (1), ma secondo me è più dolce *c* (2) simpatica.
   (1) a. più simpatica
       b. simpaticissima
       c. più simpaticissima
   (2) a. di
       b. della
       c. che

Test finale — Unità 3

3. Io ho un mutuo ..b.. (1) del tuo, ma pago un tasso d'interesse ..a.. (2).
   - (1) a. più maggiore
     - b. maggiore
     - c. il più grande
   - (2) a. più basso
     - b. più inferiore
     - c. più pessimo

4. Sono certo che ..a.. (1), sarai ..c.. (2)!
   - (1) a. ce la farai
     - b. ce la fa
     - c. ce ne faresti
   - (2) a. il peggio
     - b. il meglio
     - c. il migliore

5. Mio nonno ..c.. (1) a lavorare in Australia all'età di 16 anni e lì ha conosciuto mia nonna, ..a.. (2) sua vita.
   - (1) a. se ne andrebbe
     - b. se ne andava
     - c. se ne è andato
   - (2) a. il più grande amore della
     - b. il massimo amore della
     - c. il superiore amore della

D Risolvi il cruciverba.

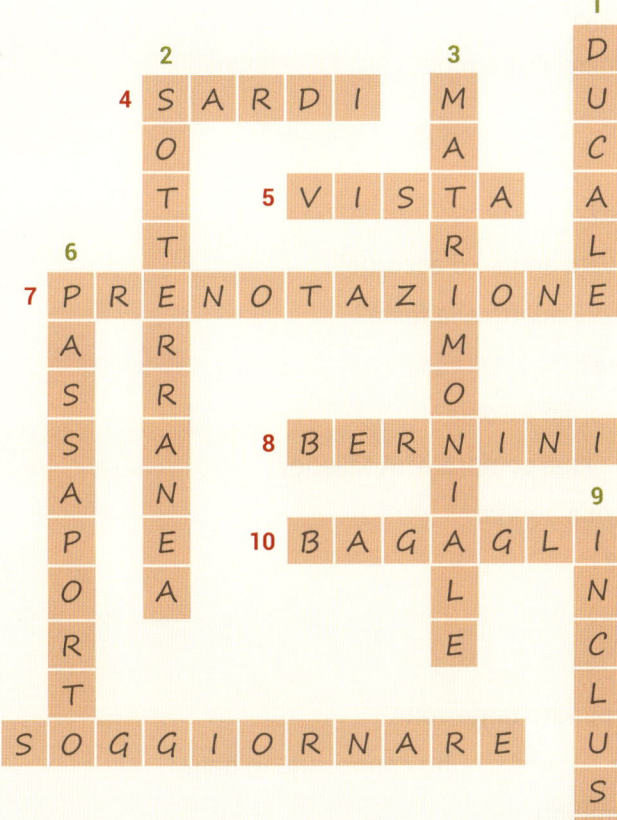

Orizzontali
4. Gli abitanti della Sardegna.
5. La offre l'albergo che ha le finestre su un bel paesaggio.
7. La facciamo per essere sicuri di trovare posto sul treno o in albergo.
8. Artista che ha realizzato la *Fontana dei Quattro Fiumi* a Roma
10. Borse, valigie e tutto ciò che portiamo con noi in viaggio.
11. Rimanere per un periodo più o meno lungo in un luogo.

Verticali
1. Palazzo in Piazza San Marco a Venezia.
2. L'altra Napoli, che si trova sotto la città.
3. Camera con un letto per due persone.
6. Documento personale che ci permette di viaggiare da un Paese ad un altro.
9. Compreso nel prezzo.

Risposte giuste: ...... /35

Unità 1, 2 e 3 — 1° test di ricapitolazione

Quaderno degli esercizi

A Completa le seguenti risposte.

1. • Porteresti questi libri a Maria?
   • Sì, _glieli porto_ subito!
2. • Quando vi hanno consegnato la macchina?
   • Non _ce l'hanno consegnata_ ancora.
3. • C'è un'altra carota? Me ne servono due per l'insalata.
   • Nel frigo _ce ne sono_ cinque.
4. • Quando ci farai sapere se verrai anche tu a Pisa?
   • _Ve lo farò_ sapere entro domani.
5. • Ti è piaciuta la torta?
   • Sì, puoi _darmene_ un'altra fetta?
6. • Cosa regaliamo a Elena per il suo compleanno?
   • So che voleva leggere *Ragazzi di vita* di Pasolini. Potremmo _regalarglielo_ noi.

_/6_

B Completa con gli interrogativi adatti.

1. Di _che cosa/cosa_ si occupa il papà di Giulia?
2. _Perché_ voi due litigate sempre? Dovete andare d'accordo!
3. Fra questi vestiti, _quale_ ti sembra più adatto alla festa?
4. _Quante_ nipotine ha la signora Teresa?
5. _Quando_ partiranno per le vacanze Giorgio e Sonia?
6. Bellissima questa maglietta! _Dove_ l'hai comprata? A Milano?
7. Luca mi ha chiesto _quanti_ anni ha mia nonna.
8. _Chi_ sono i ragazzi in segreteria?

_/8_

C Completa con i pronomi relativi.

1. Questa è Sara, la mia amica _di cui_ ti ho parlato tante volte.
2. • Chi sono Anna e Serena? • Sono le ragazze _che_ ho conosciuto in Italia.
3. Questa è la casa _in cui_ ho abitato da bambino.
4. Sono sicura che conoscerai tante persone _che_ ti vorranno bene!
5. Non capisco il motivo _per cui_ non sei andato a trovare i tuoi genitori.
6. Quello è il ragazzo _con cui_ sono andata al cinema la settimana scorsa.
7. Il giornale _che_ hai comprato non è quello che ti avevo chiesto!
8. Non sono molte le persone _di cui_ mi fido.

_/8_

D Trasforma le parti in verde usando "stare per + infinito" o "stare + gerundio".

1. La lezione comincerà tra pochi minuti. Ragazzi, entrate in classe. *La lezione sta per cominciare.*
2. Giada segue un corso di russo in questo periodo. Le piace molto! *Giada sta seguendo un corso di russo.*
3. Ti richiamo fra cinque minuti, ora parlo con il mio capo. *Sto parlando con il mio capo.*
4. Tra due minuti esco, vuoi venire con me? *Sto per uscire.*

/4

E Completa le frasi con le forme date.

ce la faremo ◆ te la cavi ◆ ce la fanno ◆ te la prendi

1. Alle interrogazioni *te la cavi*, anche quando non studi... Che fortuna che hai!
2. Dai, scherzavo! Ma perché *te la prendi* sempre?!
3. *Ce la faremo* a completare tutto il lavoro entro venerdì? Abbiamo solo 3 giorni!
4. Elena e Carlo sono molto stanchi stasera. Non *ce la fanno* a venire con noi a teatro.

/4

F Scegli l'alternativa corretta.

1. Carlo è più simpatico **di**/che suo cugino Vittorio.
2. Mi piace **tanto**/quanto guardare i film in tv tanto/**quanto** andare al cinema.
3. Lavorare alla cassa è più semplice del/**che** lavorare come commessa.
4. Più di/**che** ospitali, i tuoi suoceri sono invadenti, secondo me.
5. Sicuramente Marco è più attivo **di**/che Lorenzo: va a correre quasi ogni giorno!
6. A me piace più dormire di/**che** lavorare!
7. Secondo me, questo film è più interessante **di**/che quello che abbiamo visto la settimana scorsa.
8. L'insalata di pomodori è gustosa tanto/**quanto** dietetica!

/8

G Comparativo o superlativo? Completa le seguenti frasi.

1. Maria è bella, ma, secondo me, *più che* bella è elegante.
2. Paolo è molto in gamba: infatti, è il *più* bravo *della* sua classe.
3. Questo mese ho speso mille euro, il mese scorso ne avevo spesi 800: questo mese ho speso *più di* quello passato.
4. Quest'anno non è andata molto bene: i guadagni sono stati *inferiori* all'anno precedente.
5. Francesco è veramente un bel ragazzo, ma che dico, è *bellissimo*!
6. Non mi sono divertito e ho avuto anche la febbre: le *peggiori* vacanze della mia vita!
7. Nessuno può dire che una cultura è *migliore* di un'altra.
8. Non c'è differenza, per me il caffè è buono *quanto* il tè.

/8

Risposte giuste: /46

Unità 4 — Un po' di storia

Quaderno degli esercizi

1 Fai l'abbinamento. Poi vai a pagina 55 del Libro dello studente e controlla le tue risposte.

Periodo
1. Antica Roma *(c)*
2. Rinascimento *(d)*
3. Risorgimento (l'Italia diventa una nazione) *(b)*
4. Dopoguerra e boom economico *(a)*
5. Medioevo *(e)*

Anni
a. 1946-1973
b. 1815 - 1870
c. VIII secolo a.C. – V secolo d.C.
d. 1300 -1500
e. V – XV secolo d.C.

Piazza della Repubblica, Roma

2 Completa le frasi con i verbi dati.

*andarono ♦ partì ♦ credette ♦ arrivai
accompagnammo ♦ partisti ♦ ci divertimmo*

1. Quando *arrivai* a Roma era già notte, il viaggio era stato lungo ed ero stanchissimo.
2. Noi *accompagnammo* Roberto all'aeroporto quando *partì* per l'Erasmus.
3. Quell'anno Tonino e suo fratello *andarono* in vacanza in Sardegna.
4. Ricordo ancora quella volta che tu *partisti* senza dire niente a nessuno.
5. Luisa *credette* a tutto quello che le avevano raccontato.
6. A quella festa, a cui ci aveva invitati Piero, *ci divertimmo* moltissimo.

3 Scegli la forma verbale corretta.

1. Silvia <u>cominciò</u>/cominciaste/cominciai a lavorare come cuoca a 16 anni.
2. Alla fine, trovasti/trovai/<u>trovammo</u> la strada da soli.
3. I due amici discuteste/discusse/<u>discussero</u> molto prima di decidere.
4. Per qualche mese, io non sentì/sentisti/<u>sentii</u> più parlare di lui.
5. I miei nonni costruimmo/<u>costruirono</u>/costruisti questa casa nel 1960.
6. Ricordo che quell'anno voi <u>lavoraste</u>/lavorarono/lavorasti tutta l'estate.

46

Quaderno degli esercizi — Unità 4

4 Completa con i verbi al passato remoto.

La leggenda racconta che due fratelli cresciuti da una lupa, Romolo e Remo, nel 753 a.C. __fondarono__ (1. fondare) Roma. Dopo alcuni secoli, i romani __conquistarono__ (2. conquistare) quasi tutta l'Europa, parte dell'Asia e dell'Africa, e Roma __diventò__ (3. diventare) la più grande potenza del mondo antico. Con Giulio Cesare __iniziò__ (4. iniziare) il passaggio dalla Repubblica all'Impero. Il popolo romano amava molto Cesare, ma nella storia di Roma c'erano anche imperatori meno amati: per esempio, Caligola, che __nominò__ (5. nominare) senatore il suo cavallo, o Nerone che __accusò__ (6. accusare) i cristiani dell'incendio di Roma.

Romolo e Remo, Statua del Tevere, Piazza del Campidoglio

5 Completa con il passato remoto.

1. Dopo il viaggio in Italia, Francesca e Veronica __cominciarono__ (cominciare) a interessarsi di arte.
2. Mi ricordo il giorno che __ricevetti__ (ricevere) in regalo la mia prima bicicletta.
3. Sono sicuro che quella volta voi __finiste__ (finire) prima di tutti.
4. Perché tu non mi __raccontasti__ (raccontare) niente dei problemi che avevi al lavoro?
5. Al nostro matrimonio non __invitammo__ (invitare) molte persone.
6. I ragazzi __andarono__ (andare) a studiare a Milano, anche se abitavano in Sicilia.

6 Completa i mini dialoghi con le espressioni date.

cioè ♦ mi spiego ♦ nel senso che ♦ non è vero! ♦ ma come…?

1
- Marta, dove vai? Esci?
- Volevo andare al parco.
- Forse non sono stato abbastanza chiaro, __mi spiego__ meglio: tu non esci finché non finisci i compiti!
- __Ma come…?__ Dai papà, solo mezz'oretta!

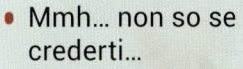

2
- Mmh… non so se crederti…
- Cosa intendi?
- __Nel senso che__ molti particolari della tua storia non coincidono.
- __Non è vero!__ Ti ho detto tutta la verità!

3
- Allora, qui dice che dobbiamo consegnare la tesi entro la fine dell'anno accademico…
- E __cioè__?
- Il 28 maggio.

7 Completa la descrizione dei personaggi principali del fumetto *Asterix*.

*liberarsi • nemico • combattere • piccolo
dittatore • furbo • situazioni • forza*

Asterix è il protagonista: piccolo, ma *furbo* (1), è l'uomo più coraggioso del villaggio. Insieme all'amico Obelix è sempre pronto a mille avventure per difendere il loro piccolo villaggio dal *nemico* (2): i romani.

Obelix è il grande amico di Asterix. Molto sentimentale, ha sempre fame e una grandissima *forza* (3), perché da piccolo è caduto nella pozione magica. Passa il suo tempo libero a chiacchierare e passeggiare con Asterix e, naturalmente, a *combattere* (4) contro i romani.

Idefix è il *piccolo* (5) cane bianco di Obelix. È deciso e intelligente e più di una volta ha aiutato i suoi amici, Asterix e Obelix, a venir fuori da *situazioni* (6) difficili.

Giulio Cesare, riprende il personaggio storico di Gaio Giulio Cesare, il *dittatore* (7) di Roma. Un uomo pieno di energia ma con tanti problemi. Più volte Asterix e Obelix lo hanno aiutato a *liberarsi* (8) dei falsi amici.

8 Trova in ogni frase il verbo irregolare al passato remoto e scrivi nella tabella l'infinito corrispondente, come nell'esempio. Vedi anche l'Approfondimento grammaticale a pagina 211 del Libro dello studente.

es. L'anno scorso <u>vennero</u> in pochi alla mia festa.

1. Mio padre <u>fu</u> molto contento di andare in Spagna.
2. Antonella <u>diede</u> subito tutti i soldi per l'acquisto dell'appartamento.
3. Quella volta le <u>dissi</u> la verità: non potevo partire perché non stavo bene.
4. La Repubblica italiana <u>nacque</u> nel 1946.
5. Vincenzo <u>lesse</u> la notizia sul giornale, non sapeva nulla di quello che era successo.

Quaderno degli esercizi — Unità 4

Passato remoto

es. Vennero
1. fu
2. diede
3. dissi
4. nacque
5. lesse

Infinito

es. Venire
1. essere
2. dare
3. dire
4. nascere
5. leggere

9 Completa le frasi con i verbi dati.

diedi ◆ diedero ◆ uscimmo ◆ fecero ◆ furono ◆ restammo ◆ stettero

1. C'era tanta gente sul treno che noi *restammo* in piedi per tutto il viaggio.
2. Io non gli *diedi* subito una risposta. Lo richiamai qualche giorno più tardi.
3. Quanti *furono* i re di Roma?
4. Mi ricordo che quel pomeriggio *uscimmo* in giardino a raccogliere fiori.
5. Appena arrivata a Londra, Daniela e Piero mi *diedero* tanti buoni consigli.
6. Quell'anno, Marina e Giorgio *fecero* un bellissimo viaggio in Toscana.
7. Giovanni e Paolo non si vedevano da anni! Quel pomeriggio *stettero* a parlare per ore.

10 Trasforma le frasi con i verbi evidenziati al passato remoto, come nell'esempio. Vedi anche l'Approfondimento grammaticale a pagina 211 del Libro dello studente.

es. Non ci vado perché non ne ho voglia. → *Non ci andai* perché non ne avevo voglia.

1. Il professore tiene una splendida lezione sulla vita quotidiana nella Roma antica.
   Il professore tenne una splendida lezione sulla vita quotidiana nella Roma antica.
2. Non andiamo alla festa perché si è fatto tardi.
   Non andammo alla festa perché si era fatto tardi.
3. Non posso dargli quell'informazione perché adesso non ho tempo.
   Non potei dargli quell'informazione perché allora non avevo tempo.
4. I nostri amici dicono che ci telefonano dall'albergo.
   I nostri amici dissero che ci telefonavano dall'albergo.
5. Maria si comporta in modo strano... forse le è successo qualcosa.
   Maria si comportò in modo strano... forse le era successo qualcosa.
6. Giacomo non dà l'esame perché non è preparato.
   Giacomo non diede l'esame perché non era preparato.

11 Completa con il passato remoto dei verbi tra parentesi. Vedi anche l'Approfondimento grammaticale a pagina 211 del Libro dello studente.

1. Ero così arrabbiato che durante quell'incontro ....stetti.... (stare, io) zitto tutto il tempo!
2. A Roma ....visitai.... (visitare, io) tutti i monumenti in pochi giorni.
3. Quando andammo a Napoli per Natale, Luis ....venne.... (venire) con noi.
4. Mi ricordo che per la tua laurea ....facesti.... (fare, tu) una bellissima festa a casa tua!
5. Dopo la festa ....mettemmo.... (mettere, noi) in ordine la casa.
6. Anche tu ....dicesti.... (dire) che quello era il tuo quadro preferito.

12 Completa la breve biografia di Gianni Rodari con i verbi dati.

diedero ♦ morì ♦ fondarono ♦ iniziò ♦ fece ♦ nacque ♦ ebbe

Gianni Rodari ....nacque.... (1) a Omegna, in provincia di Novara, il 24 ottobre 1920 e ....iniziò.... (2) giovanissimo la sua attività di scrittore. Insieme alla passione per la scrittura ....ebbe.... (3) sempre la passione per la politica. Nel 1947 diventò giornalista, ...fece.... (4) parte della redazione di importanti quotidiani (*l'Unità, Paese Sera*) ed era tra coloro che ....fondarono.... (5) *Il Pioniere*, settimanale per ragazzi. Nel 1970 gli ....diedero.... (6) il premio Andersen, il più importante concorso internazionale per la letteratura dell'infanzia. Alcune delle sue opere più importanti sono: *Il libro delle filastrocche* (1951), *Le avventure di Cipollino* (1951), *Filastrocche in cielo e in terra* (1960), *Favole al telefono* (1962), *La freccia azzurra* (1964), *I viaggi di Giovannino Perdigiorno* (1974). Scrittore di grande forza immaginativa, ...morì.... (7) a Roma il 14 aprile 1980.

13 Completa con le espressioni per contraddire qualcuno.

Ma non è vero niente! ♦ Ma no ♦ Che confusione! ♦ Neanche per ♦ Niente affatto! ♦ Non dare retta

1. • Sei d'accordo con le proposte di questa associazione?
   • ....Niente affatto!.... Mi sembrano tutte idee superficiali.
2. • Stefano, in giro dicono che hai vinto alla lotteria, che ti licenzierai e farai il giro del mondo...
   • ....Ma non è vero niente!.... Ho solo vinto 1000 euro alla lotteria di Natale!
3. • Vabbè, se non ti interessa quello che dico...
   • ....Ma no...., non ho detto che non mi interessa quello che dici, ma mi sembra inutile parlarne: per il momento non c'è soluzione.
4. • Giulia, faresti mai bungee jumping?
   • ....Neanche per.... sogno! Solo pensarci mi fa stare male!
5. • Hai sentito? È tutto falso: quella notizia è una bufala!
   • Te l'avevo detto! ....Non dare retta.... a tutto quello che leggi sui social!
6. • Giulio Cesare fondò Roma e poi dichiarò guerra ai francesi.
   • ....Che confusione!.... Romolo e Remo fondarono Roma e i Galli, non i francesi, vennero molto dopo! Ora ti spiego...

Quaderno degli esercizi — Unità 4

14 Completa con i verbi al passato remoto.

1. Quando io e Giovanna vivevamo a Verona, un giorno ....*venne*.......... (venire) a trovarci suo fratello. Era molto simpatico e ....*facemmo*.......... (fare, noi) subito amicizia.
2. Laura, l'anno scorso ....*prendesti*.......... (prendere) tutte le ferie in estate quando ....*andasti*.......... (andare) in Brasile?
3. ....*Chiesi*.......... (Chiedere, io) agli studenti se preferivano fare lezione la mattina o il pomeriggio e loro ....*scelsero*.......... (scegliere) le lezioni della mattina perché così avrebbero avuto il pomeriggio libero.
4. È vero, non ho mai più chiamato Beatrice perché lei ....*partì*.......... (partire) senza salutarmi.
5. Giulia e Francesco ....*litigarono*.......... (litigare) perché lei stava lavorando troppo ma poi ....*discussero*.......... (discutere, loro) con calma e lei ....*si prese*.......... (prendersi) qualche giorno libero per stare con lui.
6. Matteo non lo ....*seppe*.......... (sapere) da me che Valentina usciva con un altro ragazzo, li ....*vide*.......... (vedere) lui un pomeriggio in centro.

15 Completa la favola di Pinocchio con i verbi al passato remoto o all'imperfetto e metti in ordine le varie parti, come negli esempi. Poi cerca su Internet informazioni sulla favola e sul suo autore, Carlo Collodi.

1 [B] 2 [D] 3 [E] 4 [C] 5 [G] 6 [A] 7 [F]

A. In poco tempo Geppetto ....*finì*.......... (finire) il suo burattino*, completo di braccia, mani, gambe e piedi.
B. C'era una volta Geppetto, un vecchio uomo che ....*viveva*.......... (vivere) da solo in una piccola casa con la sola compagnia di un gatto e un pesce rosso.
C. Dopo gli occhi, ...*fece*.......... (fare) il naso, ma il naso, appena fatto, ...*cominciò*.......... (cominciare) a crescere e ....*diventò*.......... (diventare) in pochi minuti un naso lunghissimo.
D. Un giorno, Geppetto ....*decise*.......... (decidere) di costruire un burattino per avere qualcuno con cui parlare; allora ....*prese*.......... (prendere) un grande pezzo di legno e cominciò a lavorare.
E. Per cominciare gli ....*fece*.......... (fare) il viso, i capelli e gli occhi e gli ....*scelse*.......... (scegliere) un nome: Pinocchio. ....*Rimase*.......... (rimanere) molto sorpreso quando ....*vide*.......... (vedere) che gli occhi di Pinocchio ....*si muovevano*.......... (muoversi)!
F. Appena finito, il burattino ....*si alzò*.......... (alzarsi) e ....*cominciò*.......... (cominciare) a camminare! Geppetto non poteva credere a quello che stava vedendo! Il burattino ....*camminava*.......... (camminare) e ....*parlava*.......... (parlare)!
G. Dopo il naso, ...*fece*.......... (fare) la bocca; ma la bocca, appena fatta, ...*cominciò*.......... (cominciare) a ridere di Geppetto e poi gli ....*mostrò*.......... (mostrare) anche la lingua.

burattino*

16 Completa con il trapassato remoto e collega le frasi, come nell'esempio. Vedi anche l'Approfondimento grammaticale a pagina 213 del Libro dello studente.

1. Oriana Fallaci divenne famosa, (f)
2. Mi ricordo che Giuseppe si sentì male (d)
3. Dopo che *ebbero terminato* (terminato, loro) l'esame (e)
4. Iniziammo a guardare il film, (c)
5. Non appena Gino *si fu addormentato* (addormentarsi) sul divano, (a)
6. Solo quando *furono arrivati* (arrivare) tutti gli studenti (b)

a. squillò il cellulare: era Maria che gli ricordava il loro appuntamento.
b. il professore iniziò a parlare.
c. dopo che i bambini (andare) *furono andati* a letto.
d. non appena *ebbe mangiato* (mangiare, lui) il primo tramezzino.
e. andarono a festeggiare con tutti gli amici.
f. dopo che *ebbe scritto* (scrivere, lei) il romanzo *Un uomo*.

17 Completa la leggenda con l'imperfetto, il passato remoto o il trapassato remoto dei verbi dati. Vedi anche l'Approfondimento grammaticale a pagina 213 del Libro dello studente.

Dolomiti, Trentino

Una delle più famose leggende delle Dolomiti spiega l'origine del loro colore così particolare.

La leggenda racconta di un antico regno, le cui montagne erano nere come il resto delle Alpi. Qui regnava un principe che *sposò* (1. *sposare*) la figlia della Luna. Dopo che si *si furono sposati* (2. *sposare*), la fanciulla, bella e gentile, *si trasferì* (3. *trasferirsi*) nella sua nuova terra ma, tra quelle montagne scure, *soffriva* (4. *soffrire*) di nostalgia. Un giorno, mentre *camminava* (5. *camminare*) disperato per i boschi in cerca di una soluzione, il principe *incontrò* (6. *incontrare*) il re dei Salvani, uno gnomo in cerca di una terra per il suo popolo. Il principe e il re *fecero* (7. *fare*) un patto: i Salvani avrebbero rivestito le montagne con la luce della Luna e, in cambio, avrebbero potuto abitare per sempre sulle cime delle Dolomiti. E *fu* (8. *essere*) così: dopo che gli gnomi *ebbero lavorato* (9. *lavorare*) per un'intera notte, le rocce *cambiarono* (10. *cambiare*) colore e *divennero* (11. *divenire*) del colore della Luna.

La principessa *poté* (12. *potere*) così vivere felice nella terra del suo sposo e da allora le Dolomiti *presero* (13. *prendere*) il nome di *Monti Pallidi*.

18 Abbina le due colonne. Vedi anche l'Approfondimento grammaticale a pagina 212 del Libro dello studente.

1. MDCC (e)
2. XIX (c)
3. XLV (d)
4. DCCL (a)
5. CLXI (f)
6. VIII (b)

a. settecentocinquanta
b. otto
c. diciannove
d. quarantacinque
e. millesettecento
f. centosessantuno

Quaderno degli esercizi — Unità 4

19 Trasforma le tappe dell'Unità d'Italia a pagina 63 del Libro dello studente dal presente storico al passato remoto, come nell'esempio.

1. Il 6 maggio 1860 Garibaldi con 1000 soldati volontari *partì* da Genova per la Sicilia.
2. Il 20 luglio a Milazzo, vicino a Messina, Garibaldi *sconfisse* l'esercito di Francesco II di Borbone.
3. Il 19 agosto Garibaldi *attraversò* lo stretto di Messina per arrivare a Napoli.
4. Il 7 settembre Garibaldi *entrò* a Napoli e *costrinse* Francesco II di Borbone a scappare.
5. Il 29 settembre lo Stato della Chiesa *perse* le Marche e l'Umbria.
6. Il 26 ottobre Garibaldi e il re Vittorio Emanuele II *si incontrarono* a Teano e il generale gli *consegnò* il Regno delle Due Sicilie.
7. Il 17 marzo 1861 il Regno di Sardegna *si trasformò* in Regno d'Italia e Vittorio Emanuele II *divenne/diventò* il primo Re d'Italia.

20 Completa con il suffisso *-mente*, come nell'esempio.

es. (*leggero*) Luca è caduto e ha sbattuto *leggermente* la testa.

1. (*solito*) Il fine settimana *solitamente* facciamo una gita al lago.
2. (*esatto*) Ho fatto *esattamente* come avevi detto tu.
3. (*serio*) Smettetela, adesso parlo *seriamente*!
4. (*sereno*) Abbiamo affrontato la situazione *serenamente*.
5. (*inaspettato*) Marco oggi è stato *inaspettatamente* gentile!
6. (*rapido*) Se non scoli la pasta *rapidamente*, scuocerà.

Lago maggiore

21 Completa le frasi con gli avverbi corrispondenti agli aggettivi dati.

sincero • giusto • personale • attento • probabile • profondo

1. • Gianluca è tornato dal Messico! L'hai già incontrato?
   • No, non ancora, ma mi hanno detto che è *profondamente* cambiato! È così?
2. • Il dottor Diodato ha ricevuto i documenti?
   • Sì, glieli ho portati *personalmente*.
3. • Ragazzi, quando ci verrete a trovare?
   • In questo periodo siamo molto impegnati... *probabilmente* verremo alla fine dell'estate.
4. • Credi che Antonio riuscirà a laurearsi a settembre?
   • Mah... *sinceramente* non lo so, gli mancano ancora quattro esami.
5. • Come ha reagito lo zio alla notizia?
   • Aveva ragione... e *giustamente* si è arrabbiato!
6. • Dottoressa, ha letto i miei appunti?
   • Sì, li ho letti *attentamente*. Complimenti: ha fatto un ottimo lavoro!

22 Completa con le preposizioni semplici o articolate.

I nomi dei romani

Cornelia, madre dei Gracchi

I cittadini maschi romani avevano tre nomi: il *praenomen* (Marcus, Caius, Lucius ecc), che corrisponde *ai* (1) nostri nomi comuni; il *nomen gentilicium*, un nome comune a tante famiglie che comprendeva talvolta anche migliaia *di* (2) persone (la *gens*); e, infine, il *cognomen*. Questo è il più interessante perché non veniva dato alla nascita, ma era un soprannome, legato *a* (3) una caratteristica *della* (4) persona o a un evento *a* (5) cui aveva partecipato... ecco i nomi Rufus "il rosso", Brutus "lo stupido", Calvus "il calvo", cioè senza capelli, Nasica "il nasone", cioè *con* (6) un grosso naso, Dentatus "il dentone"...

Questo era valido solo *per* (7) gli uomini. La società romana, infatti, non attribuiva veri e propri nomi personali *alle* (8) donne, che erano conosciute soltanto *con* (9) il nome gentilizio (*nomen*) declinato al femminile. Ad esempio, la famosa madre *dei* (10) fratelli Gracchi si chiamava Cornelia, che non è, come sembra oggi, un nome proprio, ma un comune gentilizio, figlia *di* (11) Publio (*praenomen*) Cornelio (*nomen*) Scipione (*cognomen*) detto l'Africano.

23 Ascolta il testo sulla storia della lingua italiana e scegli l'alternativa corretta.

1. Oggi gli italiani
   a. **a volte parlano in dialetto**
   b. non usano per niente i dialetti
   c. imparano almeno un dialetto a scuola

2. L'italiano moderno
   a. era la lingua ufficiale dell'Impero Romano
   b. ha origine nel 1861
   c. **deriva dal dialetto parlato a Firenze**

3. La lingua italiana
   a. **ha avuto una storia lunga e difficile**
   b. non ha molti dialetti
   c. ha poche parole di origine straniera

4. L'italiano standard
   a. si sviluppa con l'Unità d'Italia
   b. si diffonde grazie al fascismo
   c. **si afferma anche grazie a radio e TV**

5. Il latino volgare
   a. era la lingua ufficiale dell'antichità
   b. **è la lingua da cui nacquero alcune lingue moderne**
   c. è la lingua più diffusa in Europa

Isola di San Pietro, Sardegna

Alassio, Liguria

Milano, Lombardia

Cisternino, Puglia

Forni Avoltri, Friuli-Venezia Giulia

Test finale — Unità 4

A Scegli l'alternativa corretta.

1. Non appena _b_ (1) che il tempo era poco, si misero _c_ (2) al lavoro.
   - (1) a. capivano
     b. capirono
     c. avevano capito
   - (2) a. allora
     b. veloce
     c. velocemente

2. Il professore _c_ (1) qualcosa, ma nessuno dei presenti lo _c_ (2).
   - (1) a. detto
     b. dice
     c. disse
   - (2) a. sentii
     b. senta
     c. sentì

3. Mentre la nave _a_ (1), loro _c_ (2) a immaginare come sarebbe stata la vacanza.
   - (1) a. partiva
     b. partì
     c. fu partita
   - (2) a. iniziaste
     b. iniziai
     c. iniziarono

4. In quell'occasione non _b_ (1) bene… io mi sarei comportato in modo _a_ (2).
   - (1) a. ti comporterai
     b. ti comportasti
     c. ti comportavi
   - (2) a. diverso
     b. diversamente
     c. così

5. _b_ (1) una principessa che _a_ (2) in luogo molto lontano e…
   - (1) a. Ci sono state due volte
     b. C'era una volta
     c. C'è una volta
   - (2) a. viveva
     b. visse
     c. vive

B Completa la biografia di Virgilio, il grande poeta latino, con il passato remoto dei verbi dati.

Virgilio _nacque_ (1. *nascere*) in un paese vicino a Mantova nel 70 a.C. _studiò_ (2. *studiare*) prima a Cremona e poi a Milano. Nel 53 a.C. _andò_ (3. *andare*) a Roma e lì _ebbe_ (4. *avere*) la possibilità di studiare con lo stesso maestro dell'imperatore Augusto.

Quando nel 44 a.C. _morì_ (5. *morire*) Giulio Cesare, Virgilio _si trasferì_ (6. *trasferirsi*) a Napoli, dove _incontrò_ (7. *incontrare*) Orazio e _scrisse_ (8. *scrivere*) le sue prime opere, le *Bucoliche* e le *Georgiche*. Con quest'opera _divenne_ (9. *diventare*) il poeta preferito dell'imperatore Augusto e il più famoso dell'Impero Romano.

Tra il 29 e il 19 a.C. _scrisse_ (10. *scrivere*) la sua ultima opera letteraria, l'*Eneide*, la più importante, che racconta la fondazione di Roma da parte di Enea.

Virgilio _morì_ (11. *morire*) il 21 settembre del 19 a.C. a Brindisi ritornando da un lungo viaggio in Grecia e in Asia.

C Risolvi il cruciverba.

Verticali
1. Lo era Augusto.
2. Il verbo che fa nascere una città.
3. XXI in lettere.
4. Il numero dei volontari che partirono con Garibaldi.
6. Voglio dire...

Orizzontali
5. Avverbio che deriva da felice.
7. Il "Mar" dell'Impero Romano.
8. Infinito di *foste*.
9. Il fratello di Remo.

Risposte giuste: .... /30

Stare bene

Unità 5

Quaderno degli esercizi

1 Rileggi i dialoghi alle pagine 70 e 71 e completa il riassunto con le parole date.

*fa i complimenti • si lamenta • una vita sedentaria • una figuraccia
va a correre • non è allenato • addominali • tenersi in forma • prendersi cura*

Lorenzo *fa i complimenti* a Stefania, una compagna di corso, perché riesce a seguire le lezioni, passare gli esami e anche a *tenersi in forma* (1). Stefania pensa che sia importante *prendersi cura* (2) del proprio corpo, oltre che della mente. Infatti si allena molto: *va a correre* (3) quasi tutti i giorni!
Per Stefania è incredibile che molti giovani facciano *una vita sedentaria* (4) e non mangino sano. Lorenzo è d'accordo e, forse per fare colpo su di lei, le propone di andare a correre assieme... Ma *non è allenato* (5) e ha bisogno dell'aiuto di Gianna!
Il giorno dopo Gianna al parco propone di fare una corsa e degli *addominali* (6) ma Lorenzo sbuffa e *si lamenta* (7). Gianna capisce subito che c'è sotto qualcosa: Lorenzo vuole allenarsi solo perché ha preso appuntamento con Stefania per il fine settimana e non vuole fare *una figuraccia* (8).

2 Completa con il congiuntivo presente.

1. Spero che lo spettacolo *finisca* (finire) presto; domani devo alzarmi alle sei.
2. Penso che Michele *passi* (passare) troppo tempo sui social!
3. Mario pensa che noi *lavoriamo* (lavorare) troppo e che dovremmo prenderci un periodo di vacanza.
4. Può darsi che *abbiano* (avere, loro) ragione, ma noi non la pensiamo come loro.
5. Non credo che Giovanni *sia* (essere) pigro, è soltanto stressato, ha bisogno di rilassarsi un po'.
6. È necessario che *prendiate* (prendere, voi) il treno delle dieci per arrivare in orario all'appuntamento.

3 a Completa alcune opinioni sugli italiani con le parole date.

alla moda • mangiano • simpatici • macchine • muovono • gridano

1. Gli italiani sono molto *simpatici* e sono sempre contenti.
2. Gli italiani parlano sempre a voce alta, *gridano*!
3. *Mangiano* solo pasta e pizza!
4. *Muovono* le mani quando parlano: gesticolano molto.
5. Vestono *alla moda* e portano sempre dei grandi occhiali da sole.
6. Comprano solo *macchine* FIAT!

b E tu che cosa ne pensi? Completa con il congiuntivo le risposte alle opinioni che hai letto.

1. È vero che gli italiani hanno un bel senso dell'umorismo, sono simpatici, ma non penso che ......*siano*...... (*essere*) sempre tutti contenti.

2. Certamente in Italia si mangia più pasta che in altre nazioni, ma credo che gli italiani ......*amino*...... (*amare*) mangiare un po' di tutto.

3. Sicuramente gli stilisti italiani sono famosi nel mondo, ma non mi sembra che in Italia tutti ......*si vestano*...... (*vestirsi*) all'ultima moda!

4. È vero che a molti sembra che gli italiani ......*parlino*...... (*parlare*) a voce troppo alta, ma di solito non gridano se non sono sordi!

5. Sicuramente sono famosi per i loro gesti, ma non penso che ......*muovano*...... (*muovere*) le mani più degli altri!

6. Non mi sembra che ......*comprino*...... (*comprare*) solo FIAT! Nelle città italiane ci sono automobili di tutte le marche!

4 Scegli il verbo corretto.

1. Sembra che i tuoi amici si trovavano / si trovano / <u>si trovino</u> bene in Italia.
2. È vero che loro capiscano / <u>capiscono</u> / capirebbero bene l'italiano?
3. Federico <u>è</u> / sia / sarà sempre agitato: ultimamente non riesce a dormire bene.
4. Ho l'impressione che tu non hai / avevi / <u>abbia</u> energie perché non dorma / <u>dormi</u> / dormirai abbastanza. Lo sai, il sonno è fondamentale!
5. Non so quanto tempo si fermerà da noi; immagino che ripartiamo / ripartiate / <u>riparta</u> la settimana prossima.
6. È meglio che loro <u>cambino</u> / cambiano / cambiato abitudini: non possono continuare con questi ritmi frenetici.

5 Leggi le frasi e scegli la risposta corretta fra le due alternative.

- Scusami per il ritardo, ma c'era veramente tanto traffico!
- <u>Se è proprio necessario...</u> / <u>Non fa niente!</u> Intanto ho ordinato un aperitivo.

- Ciao Carlo! Ho l'influenza, non posso venire a fare la gita in bici. Il medico mi ha detto di rimanere a casa fino a mercoledì prossimo. Se sto bene, possiamo andare sabato. Che ne dici?
- <u>Certo, nessun problema.</u> / Fa' come vuoi! Riposati!

Quaderno degli esercizi — Unità 5

- Ho deciso: lascio l'università e mi cerco un lavoro! Voglio essere indipendente!
- <u>Fa' come vuoi!</u> / Non fa niente! Certo che, senza una laurea, non so che lavoro troverai!

- Papà, posso fare una telefonata col tuo cellulare? Ho finito il credito…
- No, non fa niente! / <u>Certo, nessun problema!</u> Ma… come hai fatto a finire i minuti gratis in 10 giorni?!?

- Alessandra, finisco di scrivere questa email e vengo subito da Lei.
- Se è proprio necessario… / <u>Faccia pure con calma.</u> Intanto io inizio a mandare gli inviti per il convegno.

6 Completa le frasi come nell'esempio.

es. • La settimana prossima vado in montagna. • È probabile che la settimana prossima ____*vada*____ in montagna.

1. • Io ho invitato anche Elisa, ma non so se può venire. • Spero che Elisa ____*possa*____ venire.
2. • Cesare sta organizzando un viaggio a Cuba. • Credo che Cesare *stia organizzando* un viaggio a Cuba, ma non ci ha detto ancora nulla.
3. • Quando dico che mi sono divertito alla sua festa, sono sincero. • Sandra crede che io ____*dica*____ che mi sono divertito alla sua festa per non offenderla!
4. • Se faccio una festa per il mio compleanno, ti avviso. • È difficile che io *faccia una festa* per il mio compleanno perché il giorno dopo ho un esame.
5. • Forse domani non avrò la macchina per venire a lezione. • È probabile che io non ____*venga*____ a lezione domani.
6. • Roberto non dà molta importanza alla sua relazione con Federica. • Penso che Roberto non ____*dia*____ molta importanza al suo rapporto con Federica.

7 Completa il testo con le parole date.

*alcoliche • almeno • cominciate • limitiate • mangiate • necessario
notte • piedi • ritmi • sedentaria • seguiate • stress*

ALIMENTAZIONE E SALUTE NELLO SPORT

Una buona salute dipende da uno stile di vita sano: per averla è sufficiente che *seguiate* (1) delle semplici regole quotidiane. Vediamo qualche consiglio.
In primo luogo è *necessario* (2) che facciate un po' di movimento ogni giorno. La vita *sedentaria* (3) è una vera nemica della salute e spesso è la causa principale del mal di schiena.
Cercate di camminare *almeno* (4) un'ora al giorno: andate al lavoro a *piedi* (5), in bicicletta o con i mezzi pubblici. *Cominciate* (6) la giornata con una sana colazione.
Prendete almeno un'ora di pausa per il pranzo. In ufficio è meglio che non *mangiate* (7) panini e che *limitiate* (8) i caffè.
Cercate di evitare lo *stress* (9). È importante che abbiate *ritmi* (10) regolari e che dormiate almeno sette ore a *notte* (11). Ovviamente, evitate il fumo e le bevande *alcoliche* (12).

8 Trasforma le frasi con il verbo al congiuntivo presente, come nell'esempio. Vedi anche l'Approfondimento grammaticale a pagina 214 del Libro dello studente.

es. *Voglio che* Ascoltatemi quando vi parlo! →
Voglio che mi ascoltiate quando vi parlo!

1. *Spero che* Smetterà di piovere? Ho voglia di uscire.
Spero che smetta di piovere. Ho voglia di uscire.

2. *Ho paura che* Tommaso non seguirà i miei consigli.
Ho paura che Tommaso non segua i miei consigli.

3. *Pare che* Vi trovate bene in questa città, vero?
Pare che vi troviate bene in questa città.

4. *Può darsi che* Lucio e Michela vengono a cena da noi!
Può darsi che Lucio e Michela vengano a cena da noi!

5. *È bene che* Tutti camminano almeno un'ora al giorno.
È bene che tutti camminino almeno un'ora al giorno.

6. *Temo che* Marta fuma troppo.
Temo che Marta fumi troppo.

7. *È possibile che* Elena e Antonio comprano una casa in campagna.
È possibile che Elena e Antonio comprino una casa in campagna.

8. *Mi dispiace che* Non puoi venire alla lezione di yoga con noi.
Mi dispiace che (tu) non possa venire alla lezione di yoga con noi.

9 Usa i suggerimenti dati per scrivere delle frasi. Attenzione alle espressioni e ai soggetti!

es. (io sperare / domani non piovere) →
Spero che domani non piova.

1. (io temere / i miei genitori fare una vita troppo sedentaria)
Temo che i miei genitori facciano una vita troppo sedentaria.

2. (Giulia credere / Matteo mangiare troppo cibo spazzatura)
Giulia crede che Matteo mangi troppo cibo spazzatura.

3. (Lucia avere paura / Lucia non supera l'esame)
Lucia ha paura di non superare l'esame.

4. (Secondo Alberto / io non dovere partire per le vacanze)
Secondo Alberto, io non devo/dovrei partire per le vacanze.

5. (Valeria essere sicura / Elena non venire più alle lezioni in palestra)
Valeria è sicura che Elena non viene/verrà più alle lezioni in palestra.

6. (essere impossibile / tu dimagrire se tu non fare attività fisica)
È impossibile che tu dimagrisca se non fai attività fisica.

7. (io sapere / la palestra essere chiusa per lavori di ristrutturazione)
So che la palestra è chiusa per lavori di ristrutturazione.

10 Completa i mini dialoghi: metti i verbi ai tempi giusti negli spazi verdi e inserisci le espressioni date negli spazi neri. Attenzione, ci sono due espressioni in più.

è preferibile che ♦ mi auguro che ♦ credo che ♦ nel caso in cui ♦ ha intenzione di
sebbene ♦ non capisco perché ♦ anche se ♦ non penso

A
- *Non capisco perché* (1) Luca *continui* (2. continuare) a vivere in quel brutto appartamento!
- Mah, *credo che* (3) non *possa* (4. potere) permettersi di cambiare casa.
- Cosa intendi dire?
- *Non penso* (5) sia facile trovare una casa economica in centro: *anche se* (6) quell'appartamento è vecchio, si trova in una posizione molto centrale!
- Allora *mi auguro che* (7) trovi presto un lavoro migliore!

B
- Guarda: "Azienda meccanica cerca giovani laureati... *È preferibile che* (8) conoscano almeno due lingue e che *siano* (9. essere) disposti a viaggiare!" Che ne pensi? Potrebbe interessare a tuo fratello?
- Perché no? Anche se prima *deve* (10. dovere) finire la tesi... Comunque, mandiamogli il link, *nel caso in cui* (11) gli interessi.

11 Cosa è successo a queste persone? Osserva i disegni e completa le frasi con i verbi dati al congiuntivo passato.

andare ♦ superare ♦ partire ♦ sposarsi ♦ perdere ♦ fare

1

2

3

4

5

6

1. È probabile che Anna e Luca *si siano sposati* sull'isola in cui si sono conosciuti 5 anni fa!
2. Ragazzi, ho l'impressione che stasera *abbiamo fatto* un po' tardi.
3. Credo che Silvia *abbia perso* il treno.
4. Penso che questa volta Stefano *abbia passato* l'esame di Letteratura italiana.
5. Immagino che Federica *sia andata* via dal locale quando sono arrivati Lara e Giorgio.
6. Mi sembra che la famiglia Bianchi *sia partita* per le vacanze.

12 Completa le frasi con le informazioni date e il verbo al congiuntivo passato, come nell'esempio.

es. Claudio | tornare | ieri. ➔ Credo che *Claudio sia tornato ieri*.

1. Italia | vincere | partita ➔ Spero che *l'Italia abbia vinto la partita*! Mi sono addormentato!

2. tua figlia | vincere | concorso pubblico ➔ Sono veramente contento che *tua figlia abbia vinto il concorso pubblico*!

3. Giulio e Valeria | partire | luna di miele | ieri ➔ Penso che *Giulio e Valeria siano partiti per la luna di miele ieri*.

4. Teresa | venire | Verona | due anni fa ➔ Mi pare che *Teresa sia venuta a Verona due anni fa*.

5. stamattina | Anna | uscire | presto | e comprare | giornale ➔ Mi pare che *stamattina Anna sia uscita presto* e *abbia comprato il giornale*.

6. Simone e Alberto | andare via | poco prima | nostro arrivo ➔ È probabile che *Simone e Alberto siano andati via poco prima del nostro arrivo*.

13 Completa il dialogo con il congiuntivo presente o passato.

Carlotta: Lo sai, non sono sicura che Francesco *abbia capito* (1. *capire*) quello che gli ho detto...

Monica: Perché?

Carlotta: Quando è andato via gli ho mandato una mail, ma lui non ha mai risposto.

Monica: Strano. È possibile che non l' *abbia ricevuta* (2. *ricevere*), che *sia finita* (3. *finire*) tra la posta indesiderata?

Carlotta: Non credo: l'ho anche chiamato e non ha risposto. Credo che *si sia offeso* (4. *offendersi*) e che *preferisca* (5. *preferire*) non parlarmi.

Monica: Beh, forse è necessario che *stiate* (6. *stare*) un po' lontani, forse bisogna che (7. *passare*) *passi* un po' di tempo...

Carlotta: Mmh... Spero che lui *capisca* (8. *capire*) e che *torni* (9. *tornare*) tutto come prima.

Quaderno degli esercizi — Unità 5

14 Scegli l'opzione giusta. Vedi anche l'Approfondimento grammaticale a pagina 216 del Libro dello studente.

1. Mi auguro che Gianni ha portato / <u>abbia portato</u> / porta qualcosa da mangiare... Ho una fame!
2. Sono sicura che Michela abbia passato / passi / <u>ha passato</u> l'esame con il massimo dei voti.
3. Mia nonna è molto felice che <u>veniate</u> / siete venuti / venite anche voi alla sua festa.
4. Secondo me, gli sportivi conducano / <u>conducono</u> / abbiano condotto una vita più sana.
5. Spero che quest'estate riuscite / siate riusciti / <u>riusciate</u> ad andare in vacanza in Spagna.
6. È probabile che quella di ieri è stata / <u>sia stata</u> / sia l'ultima lezione con quel professore.
7. Forse ci sono stati / ci siano / <u>ci sono</u> ancora dei posti liberi al corso di pilates.
8. Cecilia teme che Daniele <u>sia</u> / sia stato / è stato arrabbiato con lei, ma non sa perché.

15 Completa la mail di Lucia con le parole date.

*pausa • silenzio • concentrata • dietologo • sano • staccare
dormire • solitudine • stile • stanca • problema • grave*

Da: luciadipalo12@hotmail.com
A...: katrin_klein@gmail.com
Cc...:
Oggetto: Novità!

Ciao Katrin,

come stai?
Ti scrivo da Spello, in Umbria. No, non mi sono trasferita! Vivo sempre a Milano... diciamo che avevo bisogno di una *pausa* (1)!

Non riesco più a *dormire* (2), ingrassavo, non ero più *concentrata* (3) sul lavoro anche se passavo sempre più ore in ufficio, la sera ero *stanca* (4) e quindi non uscivo. Ho finito per isolarmi e soffrire di *solitudine* (5)... Il mio insegnante di yoga, Loris, ha provato a farmi cambiare *stile* (6) di vita, ma io non ero capace di *staccare* (7)... Alla fine, il mese scorso, ho avuto un *problema* (8) allo stomaco e Loris mi ha parlato di questa associazione. Naturalmente, mi conosci, ero scettica, ma nonostante sia andata dal *dietologo* (9), il problema è diventato più *grave* (10) e... Eccomi qui, al *Giardino fiorito*! Qui la vita è semplice, rilassata: meditiamo, mangiamo *sano* (11) e facciamo passeggiate in *silenzio* (12).

Tra dieci giorni tornerò a Milano, ma non mi metterò subito al lavoro: ho deciso di andare a trovare mio fratello a Berlino e, se sei d'accordo, potrei passare a Brema da te.
Fammi sapere.

Un abbraccio
Lucia

16 Collega le frasi con la congiunzione corretta, come nell'esempio.

1. Accetterò l'invito — **prima che** (f) — a. tu abbia bisogno di lui.
2. Chiamalo (*nel caso*) — **a patto che** — b. mi presti gli appunti di letteratura.
3. Vai a salutare i tuoi amici (*prima che*) — **a meno che** (e) — c. mi facciate portare il dolce.
4. Parlerò con Elena (*perché*) — **perché** (b) — d. ne abbia già due.
5. Comprerò una nuova bici (*benché*) — **nel caso** (a) — e. non lo sappiate già.
6. Vi racconto come è andata ieri, (*a meno che*) — **benché** (d) — f. partano per la Spagna.

17 Completa le frasi con le parole date e i verbi dati al congiuntivo. Vedi anche l'Approfondimento grammaticale a pagina 216 del Libro dello Studente.

andare • comunque • qualsiasi • fare • riuscire • chiunque

1. Ovunque _vada_ si porta sempre dietro il suo cane.
2. La palestra fa uno sconto a _chiunque_ faccia iscrivere un amico.
3. È il viaggio più bello che _abbia fatto_ in vita mia.
4. _Qualsiasi_ cosa tu dica, io resterò della mia opinione.
5. Gianni è il solo che _riesca_ a farmi ridere quando sono triste.
6. Ti sarò sempre vicino, _comunque_ vadano le cose.

18 Indicativo, infinito o congiuntivo? Scegli l'alternativa corretta.

1. Fulvia ha finalmente deciso di va / _andare_ / vada da un nutrizionista per seguire un'alimentazione più equilibrata.
2. Secondo me, Piero _è partito_ / partire / sia partito per le vacanze: non scrive un tweet da tre giorni!
3. Non sono sicuro che questo piatto è / essere / _sia_ più nutriente di quelli che cucino io.
4. Adesso ho capito perché _ho sbagliato_ / sbagliare / abbia sbagliato strada! Il navigatore qui non funziona!
5. È importante che tutti arrivano / arrivare / _arrivino_ in orario a lezione.
6. Probabilmente domani sera loro _vanno_ / andare / vadano al cinema.
7. La mia città è sicuramente più bella anche se _fa_ / fare / faccia più freddo.
8. Paolo ha scelto di si trasferisce / _trasferirsi_ / si trasferisca a Rimini per vivere con Francesca.

Rimini

Quaderno degli esercizi — Unità 5

19 Vero o falso? Si usa il congiuntivo...

	V	F
1. ... quando i due verbi hanno lo stesso soggetto		X
2. ... con l'espressione *secondo me* ...		X
3. ... con l'espressione *a meno che* ...	X	
4. ... con l'espressione *bisogna che* ...	X	
5. ... con l'espressione *si deve* ...		X
6. ... con *probabilmente*...		X
7. ... con *sebbene*...	X	
8. ... con *anche se* ...		X

20 Scegli l'alternativa corretta.

Gli italiani e lo sport

In Italia verso / <u>circa</u> / troppi (1) il 36% della popolazione dichiara a / <u>di</u> / per (2) praticare uno o più sport. Gli uomini praticano sport più per le / <u>delle</u> / dalle (3) donne, anche se queste, attualmente, <u>si dedicano</u> / si dedichino / di dedicavano (4) all'attività sportiva più <u>che</u> / di / del (5) in passato. Si inizia <u>a</u> / di / per (6) fare attività fisica da piccolissimi, dai 3 ai 5 anni, c'è un aumento / <u>calo</u> / diminuzione (7), invece, tra i 15 e i 19 anni: probabilmente il passaggio alla / per la / <u>dalla</u> (8) scuola media alle scuole superiori porta a dare più importanza allo studio e agli amici.

Mentre / <u>Fra</u> / Per (9) gli sport più praticati troviamo, ovviamente, il calcio, anche se / purché / <u>benché</u> (10) negli ultimi anni si sia notato un incremento con / <u>di</u> / da (11) altre discipline, come l'aerobica, il nuoto, lo yoga e il pilates. Queste attività sono praticate più dalle donne di / <u>che</u> / per (12) dagli uomini. Per quanto riguarda la motivazione, gli italiani fanno attività fisica più <u>per</u> / su / da (13) piacere e per diminuire lo stanchezza / <u>stress</u> / ritmo di vita (14) che per mantenersi in forma.

21 Completa le frasi con le espressioni date negli spazi evidenziati e con il verbo tra parentesi coniugato.

*sarà difficile che ♦ è un peccato che ♦ il ragazzo più
purché ♦ nonostante ♦ a meno che*

1. __Nonostante__ mio nonno __abbia compiuto__ (compiere) 78 anni il mese scorso, va ancora in bicicletta.
2. Ti comprerò il motorino, __purché__ tu mi __prometta__ (promettere) di guidare con attenzione!
3. __È un peccato che__ zia Lorenza non __voglia__ (volere) aprire un Bed&Breakfast! La sua casa è in una posizione fantastica!
4. Oggi c'è proprio tanto lavoro, __sarà difficile che__ stasera __abbia__ (avere, io) voglia di venire a ballare.
5. Io e Matteo faremo una passeggiata assieme, __a meno che__ non __si metta__ (mettersi) a piovere.
6. Riccardo è __il ragazzo più__ simpatico che __conosca__ (conoscere, io).

22 Completa le battute delle vignette con i verbi dati.

abbia mai visto ♦ abbiano ♦ faccia ♦ sia ♦ vinca ♦ vincano

Quando dici a qualcuno «Non si preoccupi, non abbia paura, è un cane tranquillo», hai idea di quanto questo mi __faccia__ (1) stare male?

Nave in vista! Credo che __abbiano__ (2) cattive intenzioni...

Certo, Lei non ha nessuna colpa fino a quando non sarà dimostrato il contrario... sebbene io non __abbia mai visto__ (3) un'espressione così cattiva.

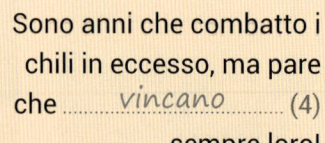

Sono anni che combatto i chili in eccesso, ma pare che __vincano__ (4) sempre loro!

Non è necessario che tu __sia__ (5) d'accordo con me. Puoi sempre tenere la bocca chiusa!

Chiunque __vinca__ (6), a fine partita ci daremo la mano e... amici come prima!

Quaderno degli esercizi — Unità 5

23 Completa con i tempi opportuni del congiuntivo.

1. Mi sembra strano che tu non _abbia studiato_ (studiare) *I promessi sposi* alle superiori… Tutti hanno studiato Manzoni!
2. È meglio che voi _leggiate_ (leggere) tutto l'articolo prima di esprimere la vostra opinione.
3. Credo che ieri Ilaria _abbia finito_ (finire) di lavorare alle cinque e _sia tornata_ (tornare) a casa verso le sette.
4. Aiuterò Silvia con la matematica a patto che lei mi _aiuti_ (aiutare) a tradurre il mio curriculum in inglese.
5. Benché _si sia preparato_ (prepararsi) a lungo per questo esame, non si sente sicuro.
6. Quest'anno non farò acquisti durante i saldi… a meno che io non _trovi_ (trovare) qualcosa di davvero conveniente!
7. Mi sembra impossibile che Cesare _abbia conquistato_ (conquistare) la Gallia in così poco tempo!
8. Mi hanno offerto una tariffa telefonica più conveniente a condizione che io non _cambi_ (cambiare) operatore per almeno un anno.

24 a Stai per ascoltare un testo su Bebe Vio, la campionessa italiana di scherma paralimpica. La sua specialità è il fioretto. Sentirai parlare 5 persone: i genitori di Bebe, Bebe e i suoi due allenatori. Ascolta il testo la prima volta e collega le parole della colonna A a quelle della colonna B per completare le espressioni.

1. mettersi (a)
2. porsi (e)
3. saper (b)
4. praticare (f)
5. andare oltre (c)
6. migliorare (g)
7. essere diverso (d)
8. sentirsi (h)

a. in gioco
b. perdere
c. i propri limiti
d. dagli altri
e. un obiettivo
f. scherma
g. le proprie capacità
h. in dovere di

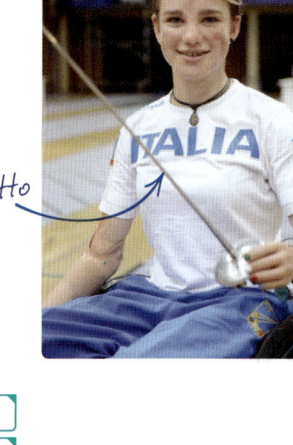
fioretto

b Ascolta il testo una seconda volta e segna le informazioni presenti.

1. Bebe ha le caratteristiche fisiche indispensabili per questo sport. ☐
2. Bebe ha una personalità esplosiva e inarrestabile. ☒
3. Una protesi di carbonio permette a Bebe di praticare la scherma. ☒
4. Bebe è una persona che si accontenta dei propri risultati. ☐
5. Per Bebe essere diversi è un problema, un limite. ☐
6. Bebe sa che impegnandosi può raggiungere i suoi obiettivi. ☒

nuovissimo PROGETTO italiano 2

A Scegli l'alternativa corretta.

1. I miei? Credo che quest'estate ..a.. (1) in montagna. Vedremo cosa ..a.. (2)!
   - (1) a. vadano
     - b. vanno
     - c. siano andati
   - (2) a. decideranno
     - b. sono decisi
     - c. decidano

2. È un bene che ..c.. (1) nei mesi scorsi. Ora ..a.. (2) affrontare meglio questo periodo di crisi!
   - (1) a. risparmierà
     - b. risparmi
     - c. abbiamo risparmiato
   - (2) a. possiamo
     - b. abbiamo potuto
     - c. potremmo

3. Ho paura che ..b.. (1) poche speranze, ma spero ..c.. (2)!
   - (1) a. ci sono
     - b. ci siano
     - c. ci siano state
   - (2) a. che mi sbaglierò
     - b. che mi sbaglio
     - c. di sbagliarmi

4. Nonostante Massimo ..c.. (1) tanto, non ..a.. (2) ancora a parlare bene l'inglese.
   - (1) a. viaggia
     - b. viaggiava
     - c. viaggi
   - (2) a. riesce
     - b. riesca
     - c. riusciva

5. ..a.. (1) decisione prenderà Sara, io le ..c.. (2) sempre vicino.
   - (1) a. Qualunque
     - b. Chiunque
     - c. Comunque
   - (2) a. stia
     - b. sono stato
     - c. starò

6. Posso anche credere che ..a.. (1) Tiziano Ferro, ma non che ..a.. (2) insieme a lui in un concerto!
   - (1) a. abbia conosciuto
     - b. conoscerà
     - c. abbiamo conosciuto
   - (2) a. abbia cantato
     - b. ne abbiamo cantato
     - c. abbiamo conosciuto

B Completa con: *prima che, prima di, sebbene, anche se, purché, senza che, in modo*.

1. Ti comprerò le scarpe che vuoi, *purché* non costino troppo.
2. *Prima di* metterci in viaggio, facciamo controllare la macchina.
3. Ho bisogno di un programma di allenamento specifico *in modo* da essere pronta per la maratona a novembre.
4. *Sebbene* non mi senta molto bene, vado in ufficio perché ho un appuntamento importante.
5. Michela si è arrabbiata *senza che* nessuno le abbia dato fastidio.
6. Telefonerò ai miei genitori *prima che* partano per le vacanze.
7. *Anche se* è molto stanco, Luca trova sempre l'energia per giocare con il suo fratellino.

Test finale Unità 5

C Risolvi il cruciverba.

Orizzontali
7. Non aiuta a rimanere giovani.
8. Verbo, quando si mettono su chili.
9. Si soffre quando ci si sente soli.
10. Sport che si fa in piscina o al mare.
11. È importante per la salute… di notte!

Verticali
1. Sport in bicicletta.
2. Lo giochiamo 11 contro 11.
3. Una vita passata a star seduti.
4. Significa "anche se", ma vuole il congiuntivo.
5. Se è corretta, aiuta a mantenersi sani e in forma.
6. Antica pratica indiana.

Risposte giuste: ..../30

Unità 6 — Andiamo all'opera

Quaderno degli esercizi

1 Completa con l'imperativo indiretto.

1. Signora, quando è pronta per ordinare, _chiami_ (chiamare) pure il cameriere.
2. Dottoressa Bindi, se vuole tenersi in forma, _faccia_ (fare) un po' di movimento, _nuoti_ (nuotare) un po'!
3. Signor Tumino, se vuole avere una possibilità, _si prepari_ (prepararsi) meglio per il prossimo colloquio.
4. Signorina, dobbiamo aspettare ancora un po', _abbia_ (avere) pazienza!
5. Ragazzi lasciate perdere gli autobus, _prendete_ (prendere) la metropolitana se volete essere in orario!
6. Signora Rossi, _sia_ (essere) gentile, _abbassi_ (abbassare) il volume della radio!

2 Trasforma le frasi dall'imperativo diretto a quello indiretto e viceversa, come nell'esempio.

es. Mario, bevi una tisana: ti farà bene. → Signore, _beva una tisana: Le farà bene_.

1. Pietro, prendi un taxi se non vuoi aspettare. →
   Signor Bindi, _prenda un taxi se non vuole aspettare_.
2. Gianfranco, vai via, non puoi rimanere qui! →
   Dottoressa, _vada via, non può rimanere qui_!
3. Dottoressa, domani, appena arriva, telefoni subito in ufficio. →
   Francesca, _domani, appena arrivi, telefona subito in ufficio_.
4. Signor Marinetti, chieda pure se ha qualche dubbio. →
   Matteo, _chiedi pure se hai qualche dubbio_.
5. Serve il pane: caro, esci subito, prima che chiudano i negozi! →
   Serve il pane: Marinella, _esca subito, prima che chiudano i negozi_!
6. Giulia, vieni a tavola, è pronto! → Ingegnere, _venga a tavola, è pronto_!

3 Completa i mini dialoghi con il verbo adeguato all'imperativo indiretto.

chiudere • riposarsi • fare • ordinare • girare • spegnere • scrivere

1. • Scusi, per Piazza di Spagna?
   • È facile, _giri_ alla prima a destra e si troverà davanti la fontana della Barcaccia!

2. • Oggi, ho un forte mal di testa.
   • Signorina, _spenga_ il computer e _faccia_ una passeggiata!

3. • Direttore, cosa offriamo agli ospiti?
   • _Ordini_ un caffè per tutti.

4. • Ho l'impressione che il direttore non legga tutte le mie email.
   • La prossima volta _scriva_ e-mail più brevi, signor Negri!

5. • Oggi mi sento proprio stanco.
   • Se è stanco, _si riposi_ un po'!

6. • Fa un po' freddo in questo ufficio.
   • _Chiuda_ la finestra, signora Giglio!

Quaderno degli esercizi — Unità 6

4 Completa il dialogo tra Gianna e la sua amica Lucia con le parole date.

*la prescrizione ◆ l'influenza ◆ gli antibiotici ◆ i sintomi ◆ la febbre ◆ che tosse
da non perdere ◆ devi prendere ◆ dello stress ◆ di riposo ◆ dal dentista ◆ dal medico*

Gianna: Ciao Lucia! Come va? Ho una proposta per te, un'occasione *da non perdere* (1)! Mi hanno regalato due biglietti per la Scala... sabato!

Lucia: Ciao Gianna... Certo, che emozione! Lo sai che adoro la lirica!

Gianna: Oddio, Lucia, che voce! E *che tosse* (2)! Ma non stai bene!

Lucia: Eh già. Mi sa che ho preso *l'influenza* (3)! Adesso vedo se ho ancora *gli antibiotici* (4) che avevo preso l'anno scorso, quando ero andata *dal dentista* (5) per quel problema, ricordi... e per sabato mi sarò rimessa!

Gianna: Antibiotici? Ma non devi prendere farmaci senza *la prescrizione* (6) del medico!

Lucia: No, tranquilla... guarda ho cercato *i sintomi* (7) su Internet: stanchezza, mal di testa, naso che cola è influenza. O forse raffreddore. Dipende: ora mi misuro *la febbre* (8)!

Gianna: No, Lucia, non ci siamo! Devi andare *dal medico* (9), non affidarti a Internet! Questi potrebbero essere i sintomi *dello stress* (10) o di un'allergia stagionale! Dai, non essere pigra: *devi prendere* (11) un appuntamento con il medico, altrimenti niente Traviata!

Lucia: E va bene... Lo chiamo subito! Magari mi basterà qualche giorno *di riposo* (12) e qualche vitamina... in effetti c'era scritto anche questo su un altro sito...

5 Completa le frasi con l'imperativo indiretto e i pronomi, come nell'esempio.

es. Gianni, per favore, **portami** gli occhiali! → Signorina, per favore, *mi porti* gli occhiali!

1. Vedi quella piazza? **Attraversala** e sei arrivato! → Vede quella piazza? *La attraversi* ed è arrivato!
2. Piero, **dicci** la verità! → Signor Pivetti, per favore, *ci dica* la verità!
3. Se vedi Cecilia, **salutamela**! → Se vede Angela, *me la saluti*!
4. Claudio, **dammi** una mano! → Signor Finzi, *mi dia* una mano, per favore!
5. **Vattene**, non voglio più vederti! → *Se ne vada*, non voglio più vederLa!
6. **Siediti** pure! Io preferisco restare in piedi. → Signora, *si sieda*! Io preferisco restare in piedi.

6 Completa con l'imperativo e i pronomi combinati.

1. Signor Ghezzi, ci hanno detto che ha fatto tante belle fotografie a Barcellona. (*mostrare | a noi | le fotografie*) *Ce le mostri*, per favore!
2. Professoressa, i ragazzi non hanno capito bene il congiuntivo. Per favore, (*spiegare | ai ragazzi | il congiuntivo*) *glielo spieghi* di nuovo!
3. Signor Donati, il dottore ha bisogno di questi documenti, per favore (*portare | i documenti | al direttore*) *glieli porti*

4. Marilena, non posso venire alla festa di suo nonno. Mi farebbe un favore? Il regalo (*dare | a lui | il regalo*) __glielo dia__ Lei!

5. Ha portato i documenti di cui abbiamo parlato? (*fare vedere | i documenti | a me*) __Me li faccia vedere__.

6. Ha detto alla coordinatrice che domani non verrà alla riunione? (*dire | a lei | che non può venire*) __Glielo dica__ subito!

7 Completa il racconto di questo tassista romano con le parole date.

faccia • giri • mi dica • mi porti • mi scusi • se ne va • ti dispiace • vuole

PIÙ AVANTI, PER FAVORE!

Via di Porta Pinciana. Ore 12.00. Mi ferma un signore.
«Buongiorno, __mi porti__ (1) in Via Veneto...» mi dice indeciso.
Parto e dopo qualche minuto arrivo a destinazione. Sto per fermarmi, ma prima che lo faccia, il signore mi dice che ha cambiato idea: «No, senta, __giri__ (2) in Via Boncompagni e vada un po' più avanti fino all'incrocio con Via Piemonte.»
Faccio come mi chiede e arrivo a Via Piemonte, ma ecco un nuovo cambiamento di programma.

Porta Pinciana, Roma

«Senta, __mi scusi__ (3), vada un po' più avanti per favore, fino a... Piazza Fiume.»
Parto di nuovo. Arrivo a Piazza Fiume.
«Qui va bene?» chiedo.
«Benissimo» mi risponde.
«__Vuole__ (4) per caso che vada un po' più avanti?»
«No grazie, __mi dica__ (5) quant'è.»
«Sicuro?» gli chiedo prima di fermarmi.
«Sicurissimo» mi conferma.
Gli dico il prezzo; e lui, questa volta, fortunatamente, paga e __se ne va__ (6). Pochi secondi dopo, mentre sto mettendo i soldi nella giacca, qualcuno mi chiama: «Signore, signore...»

Via Veneto, Roma

Mi giro. C'è un ragazzo. Abbasso il vetro.
«Mi scusi» mi fa gentilmente «potrebbe venire un po' indietro, così parcheggio la macchina?»
«Come no!» gli rispondo ridendo «Però vado un po' più avanti se non __ti dispiace__ (7)!»
Il ragazzo mi guarda confuso.
«Beh... __faccia__ (8) come preferisce...» mi dice.
«Più avanti! Più avanti! Oggi preferisco così!»

Quaderno degli esercizi — Unità 6

8 Completa con l'imperativo diretto e indiretto alla forma negativa.

1. Ivan e Gloria, **non state** (non stare) tante ore davanti al computer, fa male!
2. Signor Runci, non se La prenda! La prego, **non si arrabbi** (non arrabbiarsi)!
3. Avvocato, **non venga** (non venire) in ufficio se non sta ancora bene! Ci occuperemo noi degli appuntamenti di oggi.
4. Signora, **non si preoccupi** (non preoccuparsi): troveremo una soluzione!
5. Ragazzi, per andare al Duomo, **non prendete** (non prendere) il 13, ma il 15!
6. **Non temere** (Non temere), Marco: non racconterò niente di quello che ho visto!
7. Signor Marti, **non beva** (non bere) tanti caffè, fanno venire il mal di stomaco!
8. Signor Renzi, **non se ne vada** (non andarsene), tra cinque minuti saranno tutti qui!

9 Il direttore è partito per una vacanza e ha lasciato un post-it alla signora Sabrina. Riscrivi le frasi usando l'imperativo indiretto.

1. Non usare la fotocopiatrice: non funziona!
2. Non dire che sono in vacanza: di' che sono fuori per lavoro.
3. Non rispondere alle mail del sig. Borghi! Lo farò io.
4. Non prendere appuntamenti nuovi: aspettami!
5. Non fare tardi in ufficio!
6. Non lavorare troppo: prenditi dei momenti di pausa!

1. Non usi la fotocopiatrice: non funziona!
2. Non dica che sono in vacanza: dica che sono fuori per lavoro.
3. Non risponda alle mail del sig. Borghi! Lo farò io.
4. Non prenda appuntamenti nuovi: mi aspetti!
5. Non faccia tardi in ufficio!
6. Non lavori troppo: si prenda dei momenti di pausa!

10 Completa il testo della notizia che hai ascoltato e letto nelle sezioni D2 e D3 del *Libro dello studente*.

applausi • aria • atto • costume • palco • pubblico • spettacolo • tenore

Al termine dell' **aria** (1) "**Celeste Aida**", dell'opera di Giuseppe Verdi, a causa di qualche fischio, il tenore Roberto Alagna ha lasciato il **palco** (2).
Al suo posto è entrato in scena il secondo **tenore** (3), Antonello Palombi, vestito in abiti civili, senza avere il tempo di indossare il **costume** (4) di Radames. Il primo atto è poi finito tra gli **applausi** (5) e qualche fischio di disapprovazione per Alagna.
Nell'intervallo tra il secondo e il terzo **atto** (6) il sovrintendente, Stephane Lissner, si è scusato di persona con il **pubblico** (7), ha espresso rincrescimento per l'accaduto e ha ringraziato il sostituto Antonello Palombi per aver consentito di proseguire lo **spettacolo** (8).
"Una cosa così, alla Scala, non si era mai vista", ha commentato il maestro Riccardo Chailly.

11 Scegli l'aggettivo o il pronome indefinito corretto.

1. Signora, vuole vedere un <u>altro</u>/qualche colore?
2. Nella libreria di mio zio ci sono <u>molti</u>/ogni libri sulla storia d'Italia.
3. Allo spettacolo della scuola c'era chiunque/<u>tanta</u> gente.
4. Altri/<u>Tutti</u> i giorni incontro Gianna in metro e facciamo due chiacchiere.
5. Ha provato qualsiasi/<u>tanti</u> vestiti e alla fine non ne ha preso ciascuno/<u>nessuno</u>.
6. Diceva che avrebbe invitato <u>alcune</u>/nessuna persone, ma non immaginavo altre/<u>tante</u>.

12 Completa con gli indefiniti dati.

alcuna • parecchi • ciascuno • tutto • pochi • tutti • nessuna • molte

1. Ci sono pizze per tutti: ne ho preparata una per *ciascuno* di voi!
2. Non ho *nessuna* intenzione di passare un'altra notte in questo albergo, è troppo rumoroso!
3. Apri il frigorifero e prendi *tutto* quello che vuoi.
4. Gli ho scritto *molte* e-mail, ma finora non ho ricevuto *alcuna* risposta.
5. Durante il corso d'italiano ho conosciuto *parecchi* ragazzi, ma *pochi* erano davvero simpatici.
6. Sono contento perché dopo lo spettacolo applaudivano *tutti*.

13 Senza cambiare il significato della frase, sostituisci le parole in verde con un altro aggettivo indefinito, come nell'esempio. Vedi anche l'Approfondimento grammaticale a pagina 219 del Libro dello studente.

es. Ho invitato alcuni amici alla festa di stasera. → Ho invitato *qualche* amico alla festa di stasera.

1. Diverse volte sono così stanca che mi addormento prima di cena. → *Alcuni/Certi* giorni sono così stanca che mi addormento prima di cena.
2. Certi libri non riesco proprio a leggerli. → *Alcuni* libri non riesco proprio a leggerli.
3. Ho regalato a Sara alcune piante per il suo giardino. → Ho regalato a Sara *qualche* pianta per il suo giardino.
4. Voglio che tutti gli amici di Roberta vengano alla sua festa. → Voglio che *ogni/ciascun* amico di Roberta venga alla sua festa.
5. Ormai non c'è nessuno studente che non abbia lo smartphone. → Ormai *tutti* gli studenti hanno lo smartphone.
6. Marco è disoccupato: è disposto a fare qualunque lavoro. → Marco è disoccupato: è disposto a fare *qualsiasi* lavoro.

Quaderno degli esercizi — Unità 6

14 Scegli l'alternativa corretta. Vedi anche l'Approfondimento grammaticale a pag. 219 del Libro dello studente.

1. Ho una sete tremenda, berrei volentieri <u>qualcosa</u>/uno di fresco!
2. Se <u>ognuno</u>/ogni di noi dà una mano, finiremo prima.
3. Marina oltre ad essere bella ha troppo/<u>qualcosa</u> di particolare che la rende simpatica a tutti.
4. Ti prego, mangia! Abbi cura di te! Sono due giorni che non tocchi <u>nulla</u>/diverso!
5. <u>Chiunque</u>/Qualcuno può fare questo esercizio: è facile!
6. Possiamo studiare a casa mia: non c'è niente/<u>nessuno</u>.

15 Completa il dialogo tra Lucia e il dottore con le parole date. Attenzione: ci sono due parole in più!

*ambulatorio • dolori muscolari • tosse • il collirio • dottoressa
dormo • delle pillole • dei cerotti • mal di testa • paziente • una visita*

Lucia: Pronto? Buongiorno, dottore. Sono Lucia Gandolfi.
dottore: Ciao Lucia! Come sta la mia __paziente__ (1) preferita? E tua nonna come sta?
Lucia: Eh, la nonna sta benissimo… io, invece… Da qualche giorno __dormo__ (2) male, ieri e oggi ho avuto un forte __mal di testa__ (3), ho il naso che mi cola e un po' di __tosse__ (4).
dottore: Hai anche __dolori muscolari__ (5)? Ti sei misurata la febbre?
Lucia: Non ho la febbre. Ieri mi bruciavano gli occhi, ma poi ho messo __il collirio__ (6) e mi è passato.
dottore: Be' potrebbe essere allergia. Vieni in __ambulatorio__ (7) così posso farti __una visita__ (8) e, se ce n'è bisogno, ti prescrivo degli esami e __delle pillole__ (9). Va bene oggi alle 17?
Lucia: Certo, dottore, grazie! A più tardi.

16 Scegli l'alternativa corretta.

PERCHÉ AMARE L'OPERA

Mi sono chiesto nessuna/<u>tante</u>/tutte (1) volte perché mi sono innamorato dell'opera lirica, e soprattutto come fanno alcune persone a non amare questa stupenda forma d'arte.
L'opera lirica è un vero e proprio film, spesso drammatico, alcune volte comico, con un vantaggio rispetto ai film: <u>la trama</u>/la scena/l'orchestra (2) è sempre la stessa, ma possono cambiare gli interpreti.
L'Otello di Verdi lo cantano da due secoli, così come la Tosca, Il Barbiere di Siviglia, e, tranne troppi/<u>pochi</u>/qualche (3) casi, ogni volta il pubblico prova forti emozioni.
Si può imparare ad amare l'opera anche ascoltando un solo aria/<u>brano</u>/testo (4), anche non cantato da un <u>tenore</u>/compositore/maestro (5) conosciuto, ma interpretato da un <u>artista</u>/pezzo/canto (6) pop; oppure la si può conoscere grazie/per/<u>attraverso</u> (7) un libro o un film, proprio come è accaduto a molti italiani che hanno <u>scoperto</u>/inventato/imparato (8) La Traviata guardando il film Pretty Woman.

Il brano che ha fatto innamorare me proviene dal Simon Boccanegra di Verdi, opera/<u>capolavoro</u>/racconto (9) sconosciuto al grande spettatore/palco/<u>pubblico</u> (10), ma molto apprezzato dagli appassionati.
All'inizio, l'opera ci trasmette emozioni molto intense: la figlia di Fiesco è morta, e lui è distrutto dal dolore. Verdi trasforma questo dolore in musica; lui, che persi/<u>perse</u>/perda (11) moglie e figli, quel dolore lo conosceva.
Ecco perché non si può non amare l'opera. Perché si parte da un'idea, da un brano, e si può conoscere il mondo comodamente seduti in teatro e ritornare ad imparare a sognare.
Perché/<u>Chi</u>/Quale (12) l'ha detto che l'invenzione più bella è la televisione?

17 Completa con le preposizioni.

La casa-museo di Giuseppe Verdi

Questa settimana, per la rubrica *Musei d'Italia* andiamo __a__ (1) Roncole, a 38 chilometri __da__ (2) Parma. Qui si trova una casa speciale, la casa dove la sera __del__ (3) 10 ottobre 1813, nacque Giuseppe Verdi, uno __dei__ (4) più importanti compositori italiani!

Nel 2000, quando si è deciso di trasformare la casa del musicista __in__ (5) museo, si è puntato subito __sulla__ (6) tecnologia: la visita guidata, infatti, è totalmente interattiva! Un'applicazione e un paio di cuffie vi aiuteranno __a__ (7) visitare la casa: vi orienterete __con__ (8) la mappa interattiva e i contributi audio e video vi racconteranno la storia della famiglia del Maestro.

Un'esperienza unica per gli amanti __dell'__ (9) opera che si completa con la visita alla Chiesa di San Michele Arcangelo dove Verdi imparò __a__ (10) suonare.

18 Immagina di essere un medico e di dover scrivere una lista di consigli a un tuo paziente. Leggi le informazioni a sinistra e poi scrivi i consigli nel foglio a destra, usando l'imperativo.

Gli esperti ci ricordano sempre quanto è importante seguire delle semplici regole per stare bene e condurre una vita sana. È importante, ad esempio, bere almeno due litri di acqua al giorno, anche se non abbiamo sete. È buona abitudine fare sport almeno tre volte alla settimana ma, se non siamo degli sportivi o non abbiamo tempo, è sufficiente camminare almeno un'ora al giorno. Anche l'alimentazione gioca un ruolo importante: bisogna consumare almeno 5 volte al giorno frutta e verdura e, in particolare, fare sempre una cena leggera per poter dormire meglio. E se abbiamo fame? Possiamo fare merenda con una carota o con un frutto. È fondamentale, infine, dormire almeno 7 ore al giorno, meglio ancora se ci addormentiamo presto, intorno alle 10:30.

- Beva almeno due litri di acqua al giorno
- Faccia sport almeno tre volte alla settimana
- Cammini almeno un'ora al giorno
- Consumi 5 volte al giorno frutta e verdura
- Faccia una cena leggera
- Faccia merenda con una carota o con un frutto
- Dorma almeno 7 ore al giorno
- Si addormenti presti, intorno alle 10:30

Quaderno degli esercizi

Unità 6

19 Collega con dei connettivi le frasi date e cerca di formarne una. Se necessario, elimina o sostituisci alcune parole e trasforma i verbi nel modo e nel tempo opportuni.

1. Mara mi aveva parlato molto di una serie tv | ho visto finalmente la serie tv | la serie tv non mi ha entusiasmato
   Ho finalmente visto la serie tv di cui mi aveva parlato Mara, ma non mi ha entusiasmato.

2. Luca tiene molto alla sua salute | il lavoro di Luca è molto impegnativo | Luca non può andare spesso in palestra
   Nonostante Luca tenga molto alla sua salute, non può andare spesso in palestra perché il suo lavoro è molto impegnativo.

3. sul sito dell'università ho trovato un annuncio di lavoro | sono qualificato per il lavoro | ho fatto il colloquio | non mi hanno preso perché non ho la patente
   Sul sito dell'università avevo trovato un annuncio di lavoro per il quale ero qualificato, ma quando ho fatto il colloquio non mi hanno preso perché non ho la patente.

4. giovedì ho comprato dei libri online | i libri sono arrivati la sera stessa | solo sabato mi sono accorta | uno dei libri era sbagliato
   Sabato mi sono accorta che uno dei libri che avevo ordinato giovedì e che mi erano arrivati la sera stessa, era sbagliato.

5. Giulia ha dimenticato il cellulare in macchina | Giulia non ha saputo della festa di Francesco | Francesco ha cercato Giulia tutto il giorno
   Giulia ha dimenticato il cellulare in macchina e per questo motivo non ha saputo della festa di Francesco, nonostante lui l'abbia cercata tutto il giorno.

6. Anna è un grande soprano | Anna è stata ospite dei più grandi teatri lirici d'Europa | Anna non si esibisce più | Anna ha vinto un premio alla carriera
   Anna era un grande soprano ed è stata ospite dei più grandi teatri lirici d'Europa, per questo ha vinto un premio alla carriera, anche se non si esibisce più.

20 Ascolta il brano e indica quali sono le affermazioni presenti.

CD 2 – 7

1. ☐ Maria Callas studiò canto a New York.
2. ☐ Tornò in Grecia quando aveva dieci anni.
3. ☒ Il suo debutto ufficiale avvenne ad Atene.
4. ☒ Meneghini, suo marito, era molto più grande di lei.
5. ☐ In Italia, debuttò alla Scala di Milano.
6. ☐ In America il suo valore fu riconosciuto tardi.
7. ☐ Maria Callas e Aristotele Onassis ebbero un figlio.
8. ☒ Il suo carattere, a volte, venne criticato.
9. ☒ Nel suo lavoro era molto esigente con se stessa.
10. ☐ Girò anche un film.

Maria Callas

A Scegli l'alternativa corretta.

1. Dottore, _b_ (1) la cortesia, _a_ (2) a sentire!
   (1) a. mi fai
       b. mi faccia
       c. fammi
   (2) a. mi stia
       b. mi sta
       c. mi stai

2. Signora Stefania, non _a_ (1) su Internet! _c_ (2) dal medico!
   (1) a. cerchi
       b. cercare
       c. cerca
   (2) a. Va'
       b. Va
       c. Vada

3. Signor direttore, se _b_ (1) volta non arrivo puntuale in ufficio non _b_ (2) : il mio treno è spesso in ritardo.
   (1) a. alcune
       b. qualche
       c. quale
   (2) a. preoccuparsi
       b. si preoccupi
       c. si preoccupa

4. Ho così _c_ (1) problemi per la testa che mi arrabbio facilmente con _a_ (2) .
   (1) a. pochi
       b. qualsiasi
       c. tanti
   (2) a. chiunque
       b. uno
       c. certi

5. Carla, _a_ (1) telefoni, io non ci sono per _b_ (2).
   (1) a. chiunque
       b. qualunque
       c. ognuno
   (2) a. alcuno
       b. nessuno
       c. ciascuno

B Completa il testo con l'imperativo dei verbi dati, come nell'esempio.

*pianificare • non portare • idratarsi • rispettare • indossare
portare • allenarsi • non parlare • pulire • fare • entrare*

Caro Socio, la Sua palestra ha alcuni consigli per Lei:

- _Pianifichi_ insieme a un istruttore un programma di allenamento adatto alla Sua forma fisica.
- _Si alleni_ (1) a stomaco vuoto o _faccia_ (2) un piccolo snack due ore prima di venire in palestra.
- _Si idrati_ (3): è importante bere acqua prima e durante l'allenamento.
- _Indossi_ (4) abbigliamento adatto e _entri_ (5) nelle sale solo con scarpe da ginnastica.
- _Porti_ (6) un asciugamano per gli attrezzi e, alla fine degli esercizi, li _pulisca_ (7).
- _Rispetti_ (8) il silenzio nella zona spa: _non parli_ (9) a voce alta e _non porti_ (10) il cellulare con sé.

Test finale — Unità 6

C Risolvi il cruciverba.

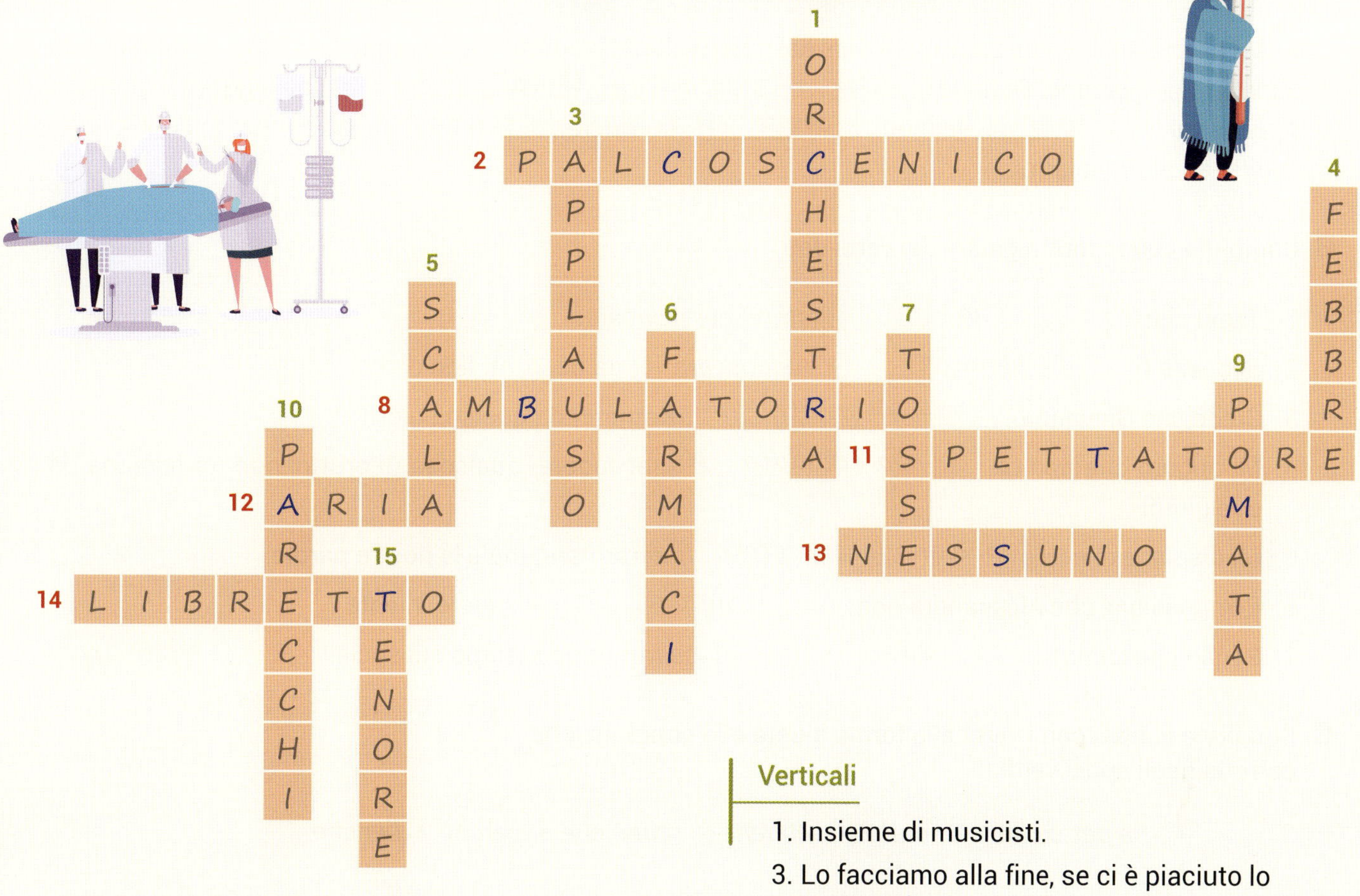

Soluzione del cruciverba:

- 1 ORCHESTRA
- 2 PALCOSCENICO
- 3 APPLAUSO
- 4 FEBBRE
- 5 SCALA
- 6 FARMACI
- 7 TOSSE
- 8 AMBULATORIO
- 9 POMATA
- 10 PARECCHI
- 11 SPETTATORE
- 12 ARIA
- 13 NESSUNO
- 14 LIBRETTO
- 15 TENORE

Orizzontali

2. Spazio dove stanno gli attori o i cantanti durante lo spettacolo.
8. Lo studio del medico.
11. Chi guarda uno spettacolo.
12. Momento dell'opera in cui si ferma l'azione e i protagonisti esprimono i loro sentimenti.
13. Nessuna persona.
14. Il testo scritto dell'opera.

Verticali

1. Insieme di musicisti.
3. Lo facciamo alla fine, se ci è piaciuto lo spettacolo.
4. Ce l'hai quando la temperatura del tuo corpo è più alta del normale.
5. Un noto teatro milanese.
6. Ce li prescrive il dottore, spesso sono in pillole.
7. Nei fumetti è COFF COFF.
9. Crema che prescrive il dottore.
10. Sinonimo di molti che inizia con la p.
15. Luciano Pavarotti è stato un famoso ... italiano.

Risposte giuste: .... /35

Giochi

EDILINGUA

Unità 4, 5 e 6

2º test di ricapitolazione

Quaderno degli esercizi

A Completa il testo con i verbi al passato remoto.

Andai a trovare Giovanni dopo molti anni dal nostro ultimo incontro. La figlia mi _disse_ (1. *dire*) che mi aspettava in giardino. Quando _uscii_ (2. *uscire*), lo _trovai_ (3. *trovare*) che leggeva il giornale. Appena mi _vide_ (4. *vedere*), _sorrise_ (5. *sorridere*), _si alzò_ (6. *alzarsi*) e _venne_ (7. *venire*) ad abbracciarmi.

/7

B Completa con la forma giusta dei verbi dati.

1. Temo che _stia_ (*stare*) per nevicare.
2. Sebbene ti _conosca_ (*conoscere*, io) da poco, mi fido di te.
3. Credo che Giovanna _sia ritornata_ (*ritornare*) da qualche giorno.
4. Mi auguro che non gli _sia accaduto_ (*accadere*) qualcosa di brutto, non mi telefona da due giorni.
5. Mi dispiace che loro _abbiano interpretato_ (*interpretare*) male le nostre parole.
6. È impossibile che Alessandra non _sappia_ (*sapere*) niente.
7. Penso che Lucia _passi_ (*passare*) troppo tempo sui social!

/7

C Completa le frasi con i verbi alla forma giusta e la congiunzione corretta negli spazi verdi.

a patto che • prima di • sebbene • prima che • perché • benché

1. Non capisco mai bene quello che dice, _sebbene_ lui _parli_ (*parlare*) lentamente.
2. Devo assolutamente vederti, _prima che_ tu _parta_ (*partire*)!
3. Andremo in quel ristorante _a patto che_ _paghino_ (*pagare*) mamma e papà!
4. L'avvocato Blasi saluta sempre tutti _prima di_ _andare_ (*andare*, lui) via.
5. Ripeto anche a te quello che ho detto ad Alfredo _perché_ _sia_ (*essere*) chiaro a tutti voi come dovete comportarvi domani!
6. _Benché_ Mauro non _sia stato_ (*stare*) bene per tutta la settimana, oggi parte comunque.

/6

80

D Completa i mini dialoghi con le parole date.

rappresenti • abbia voluto • l'abbia pagata • veramente

1. • Ti piace la mia macchina? L'ho pagata 10 mila euro di seconda mano.
   • Sì, è molto bella! Ma credo che tu *l'abbia pagata* troppo!
2. • Bello questo quadro, lo compreresti?
   • Sì, è *veramente* bello, ma a dire la verità non capisco cosa *rappresenti*.
   • Io penso che il pittore *abbia voluto* rappresentare la solitudine.

..../4

E Completa con i verbi alla forma giusta.

1. Signorina, la prego, mi *faccia* (fare) parlare con il direttore!
2. Signor Vitale, *stia* (stare) attento, non *si avvicini* (avvicinarsi) troppo a quel cane!
3. Signora Carla, *si accomodi* (accomodarsi)! Il dottore arriva subito.
4. Se pensa di far prima, *chiami* (chiamare) pure un taxi!
5. Dottoressa, *non chiami* (non chiamare) il signor Mattei, ci penso io!
6. Signora Rossi, *si rilassi* (rilassarsi); non è successo niente di grave!
7. Un momento! *Non spenga* (non spegnere) il computer, ho bisogno di un'ultima informazione.

..../8

F Completa le seguenti frasi con gli indefiniti.

1. A pranzo non ho mangiato *niente/nulla* e ora ho una fame da lupi!
2. Di *qualunque/qualsiasi* cosa avrai bisogno, rivolgiti pure a me!
3. *Ognuno* cerca di risolvere i suoi problemi come meglio può.
4. Dopo *qualche* chilometro ci siamo accorti di aver sbagliato strada!
5. Direttore, ci sono *alcuni* problemi con i nostri soci bolognesi.
6. È proprio un ragazzo fortunato: ha *tutto*, non gli manca proprio *nulla/niente*!
7. Dopo lo spettacolo applaudivano *tutti*.

..../8

G Completa con la forma giusta dei verbi.

1. José è bravissimo: qualsiasi cosa *spieghi* (spiegare) a lezione, io mi diverto!
2. Ieri, qualcuno *ha telefonato* (telefonare), ma non mi ha detto chi era.
3. Qualunque cosa *faccia* (fare) Davide, gli riesce sempre bene!
4. Ogni volta che Luca non la *chiama* (chiamare) per qualche giorno, Valeria sta male.
5. Chiunque le *abbia mandato* (mandare) quei fiori, è pazzo di lei!
6. È importante che Jacopo *scelga* (scegliere) una buona università.

..../6

Risposte giuste: ..../46

Unità 7 — Andiamo a vivere in campagna

Tutti gli esercizi sono disponibili in formato interattivo su www.i-d-e-e.it

Quaderno degli esercizi

1 Leggi le definizioni e completa lo schema. Troverai una parola tedesca che si usa in italiano quando parliamo delle grandi città.

1. Movimento dei mezzi di trasporto.
2. Alterazione, danno all'ambiente.
3. Lo è l'aria in campagna.
4. Il "contrario" di centro.
5. Suono che dà fastidio.
6. Persona che difende la natura.
7. Il contrario di caotico.
8. Un mezzo di trasporto su rotaia.
9. Il colore dei parchi.

1. T R A F F I C O
2. I N Q U I N A M E N T O
3. P U L I T A
4. P E R I F E R I A
5. R U M O R E
6. E C O L O G I S T A
7. T R A N Q U I L L O
8. T R E N O
9. V E R D E

L'H *interland* è il territorio, i paesi e le cittadine, attorno a una grande città. Questa lo influenza dal punto di vista economico e culturale.

2 Completa il dialogo tra Gianna e Lorenzo con i verbi dati al congiuntivo imperfetto.

accettare, volere, tenere, sapere, volere, trovare

Gianna: Ciao Lorenzo! Allora? Quando arriva Daniela? Si trasferisce da te, no?

Lorenzo: Ma no, figurati! Vuole cercare casa per conto suo...

Gianna: Beh, immaginavo che *volesse* (1) farlo!

Lorenzo: Perché?!

Gianna: Non vivrebbe con te nemmeno se tu *sapessi* (2) cucinare e *tenessi* (3) in ordine la casa!

Lorenzo: Guarda che sono migliorato grazie a Masterchef! Se *accettassi* (4) un invito a cena una volta ogni tanto, invece di portarmi sempre in pizzeria! Comunque Daniela si è messa in testa di andare a vivere in campagna!

Gianna: Davvero? Credevo che *volesse* (5) vivere in centro!

Lorenzo: Anch'io! Dice che se *trovasse* (6) una casa in una piccola città dell'hinterland, avrebbe una "migliore qualità della vita"... Io non capisco: che senso ha venire a Milano per studiare e non godersi la città?!

3 Completa con il congiuntivo imperfetto.

1. Credevo che qui *facessero* (fare) la migliore pizza della città, ma non mi sembra tanto buona.
2. Speravo che Costanza *venisse* (venire) prima delle due, ma avrà trovato traffico.
3. All'inizio, sembrava che *potesse* (potere) essere una serata interessante, poi, invece, ci siamo annoiati da morire.

4. Era difficile che Sofia ci _dicesse_ (dire) la verità, è la migliore amica di nostra figlia.
5. Ho avuto l'impressione che loro _stessero_ (stare) poco bene: erano così silenziosi.
6. Vorrei che glielo _dessi_ (dare) tu il regalo: lo conosci meglio di me.

4 Presente o imperfetto? Scegli la forma corretta del congiuntivo.

1. Penso che Paola <u>torni</u>/tornasse per pranzo, non credo si sia fermata in ufficio.
2. Credeva che voi abbiate/<u>aveste</u> ragione, per quello vi ha sostenuti.
3. Mi sembrava che Andrea sia/<u>fosse</u> tuo amico.
4. Non mi aspettavo che Luca e Maria vadano/<u>andassero</u> a vivere in Francia, ho sempre pensato che vogliano/<u>volessero</u> abitare vicino ai loro genitori.
5. Quest'estate sarebbe bello se facciamo/<u>facessimo</u> il giro del Sud Italia. Che ne pensi?
6. Temo che Carlo <u>lavori</u>/lavorasse anche questo sabato.

5 a Completa gli annunci con le parole date e fai l'abbinamento con le immagini.

abitabile ♦ cottura ♦ doccia ♦ mq ♦ posto ♦ vista ♦ zona ♦ servizi

 1 *a*
 2 *b*
 3 *d*
 4 *c*

a. Luminoso monolocale composto da ingresso, bagno con _doccia_ (1) e finestra, soggiorno/notte e angolo _cottura_ (2) Riscaldamento autonomo.
b. Appartamento di _mq_ (3) 60, _zona_ (4) Fontana di Trevi. Soggiorno, bagno, cucina e camera da letto. Silenzioso e luminoso.
c. Appartamento ristrutturato e ammobiliato, composto da ampio soggiorno, camera da letto, cucina _abitabile_ (5), bagno. _Posto_ (6) auto.
d. Villa con _vista_ (7) sul mare. Soggiorno, cucina, tre camere da letto e doppi _servizi_ (8). Piscina, garage e grande giardino.

b Abbina i profili dei clienti agli annunci (a-d) dell'esercizio 5a.

1. Il signor Rossi ha bisogno di un piccolo appartamento per quando si ferma in città per motivi di lavoro. Non è sposato, a casa fa soltanto il caffè, mangia sempre al ristorante. *(a)*
2. La signora e il signor Pedrotti hanno due figli. Alla signora Pedrotti piacciono molto i fiori, il signor Pedrotti ama nuotare. *(d)*
3. Il signor Von Metz è un architetto famoso e cerca una casa a Roma, in centro. Ogni tanto avrà ospiti. *(b)*
4. Aldo ha molti amici e gli piace organizzare cene a casa. È un po' pigro e si muove spesso in macchina. *(c)*

6 Abbina i materiali alle immagini. Attenzione: un materiale corrisponde a due fotografie!

1. f
2. d
3. g
4. b
5. e
6. c
7. b
8. a

a. marmo   b. legno   c. pietra   d. ferro   e. ceramica   f. cemento   g. vetro

7 Scegli l'alternativa corretta.

1. Credevo che a Lingue non si debba/<u>dovesse</u> studiare tanto, ma preparare il primo esame non è stato affatto facile!
2. Pensavo sia/<u>fosse</u> difficile traslocare... e invece con l'aiuto di Valeria è stata una cosa da nulla!
3. Nonostante <u>piova</u>/piovesse, esco a fare una passeggiata.
4. I genitori vogliono che <u>faccia</u>/facesse l'università, ma Giovanni non ha voglia di continuare a studiare.
5. Qualunque appartamento veda/<u>vedesse</u> un po' fuori città, non andava bene... Era chiaro: voleva che continuiamo/<u>continuassimo</u> ad abitare in centro.
6. Temevo che il colloquio di Lucio vada/<u>andasse</u> male: non si sentiva molto bene quel giorno.
7. Io e Giulia aspettiamo che <u>arrivi</u>/arrivasse la baby sitter e partiamo!
8. Benché Riccardo <u>guadagni</u>/guadagnasse molto, non può permettersi quel viaggio in Cina che sogna da anni.

8 Completa con il congiuntivo o l'indicativo.

Capri

1. Con tutta la gente che tornava dalle vacanze, era logico che in autostrada *ci fosse* (esserci) un traffico indescrivibile.
2. Non sapevo che Bruna durante la settimana *vivesse* (vivere) a Roma: la vedo ogni sabato al mercato rionale!
3. Quando Anna era piccola, anche se le *piaceva* (piacere) vivere in campagna preferiva la città perché *aveva* (avere) più amiche.
4. Era naturale che a Ferragosto non si *trovasse* (trovare) nessuna camera libera a Capri!
5. Non immaginavo che *avessi* (avere, tu) l'età per andare in pensione.
6. Mentre *parlavo* (parlare, io) con il cliente, è entrata Silvia nel negozio.
7. Era strano che Gloria *fosse* (essere) ancora in ufficio: di solito se ne andava prima il venerdì.
8. Siete sicuri che a giugno vi *danno/daranno* (dare) le ferie nonostante non *abbiate finito* (finire - voi) la ricerca? È meglio che non *prenotiate* (prenotare) il volo per la Puglia!

Quaderno degli esercizi — Unità 7

9 Completa le frasi scegliendo l'opzione corretta. Vedi anche l'Approfondimento grammaticale a pagina 221 del Libro dello studente.

1. _b_ che partissero tutti insieme, perché avrebbero potuto dividere le spese del viaggio.
   a. Probabilmente   b. Era preferibile   c. Potevano   d. Per fortuna

2. _b_ che Paolo abbia guidato tutta la notte: sembra così riposato!
   a. Non credevo   b. È difficile credere   c. Vorrei   d. Era probabile

3. _a_ l'abbia promesso, Giuseppe non è venuto in vacanza con noi.
   a. Nonostante   b. Speravamo   c. Anche se   d. Affinché

4. Studiava così poco che ho sempre dubitato che _a_ finire l'università; invece poi si è laureato con ottimi voti.
   a. potesse   b. abbia potuto   c. potrebbe   d. poteva

5. Non mi sembrava normale che Daniela _c_ ogni giorno la febbre, così l'ho portata al Pronto Soccorso.
   a. aveva avuto   b. abbia avuto   c. avesse   d. avrebbe

6. _d_ il ministro avesse deciso di incrementare le misure di sicurezza, ma dopo qualche giorno risultò una notizia falsa.
   a. Bisognava che   b. Era chiaro che   c. Aspettavano che   d. Dicevano che

10 Completa l'articolo con le parole date.

inquinate ◆ edifici ◆ pulita ◆ piantato ◆ catastrofe ◆ progetto ◆ ambientale ◆ coltivabile

BOSCO SPAGGIARI: L'AREA VERDE DI SAN PROSPERO SALVATA DAL CEMENTO

Roberto Spaggiari e suo padre Giancarlo sono due agricoltori di Parma che sono diventati famosi per il loro _progetto_ (1) di ricreare un bosco su un terreno _coltivabile_ (2) che era di loro proprietà, a San Prospero. Nonostante avessero ricevuto numerose offerte da parte di imprenditori che volevano costruire condomini e _edifici_ (3), Giancarlo e suo figlio hanno portato avanti il loro sogno e, dal primo albero _piantato_ (4) nel 2000, ora sono arrivati a ben 12.500 alberi: "Quando abbiamo intrapreso l'iniziativa ancora non c'era grande copertura mediatica del problema _ambientale_ (5), ma gradualmente è cresciuta la sensibilità verso la _catastrofe_ (6) climatica, soprattutto in Pianura Padana, una delle zone più _inquinate_ (7) d'Italia. Per noi non si tratta soltanto di piantare alberi, ma di un'azione etica, di un gesto per tutta la comunità, alla quale vorremmo donare un'aria _pulita_ (8)".

adattato da www.ilparmense.net

11 Completa con il congiuntivo trapassato.

1. Mi pareva che quel giorno Giovanna __fosse andata__ (andare) a Milano per fare un colloquio di lavoro.
2. Non immaginavamo che lo spettacolo __sarebbe durato__ (durare) così tanto!
3. Credevamo che __fossero partiti__ (partire) in aereo, invece avevano preso il treno.
4. Pensava che __avessi dimenticato__ (dimenticare) il suo libro, invece ce l'avevo nello zaino.
5. Credevo che mi __avessi dato__ (dare, tu) appuntamento per le sette, non per le sei.
6. Avevo l'impressione che __ci fossimo persi__ (perdersi), invece dopo pochi minuti abbiamo visto la casa.

12 Fai l'abbinamento e completa le frasi con i verbi al congiuntivo trapassato.

andare ◆ capire ◆ finire ◆ mandare ◆ iniziare ◆ uscire

1. Professoressa, non sapevo che __avesse__ già __iniziato__ la lezione, (e)
2. Sapevo che eri stato in vacanza, (a)
3. Non immaginavamo che il film __fosse finito__ così presto, (f)
4. Valeria credeva che il mazzo di fiori (b)
5. Se ieri sera non __fossi uscito__, (d)
6. Era incredibile che loro non __avessero capito__ come arrivare a casa nostra: (c)

a. ma pensavo __fossi andato__ in Spagna, non in Marocco.
b. glielo __avessi mandato__ io e non Giovanni!
c. glielo avevamo spiegato cento volte!
d. mi sarei riposato e ora non sarei così stanco.
e. altrimenti non l'avrei disturbata.
f. altrimenti vi avremmo aspettato per tornare a casa assieme.

13 Completa con il congiuntivo presente, passato, imperfetto o trapassato.

1. Sapevo che volevi comprare una casa, ma non pensavo che ne __cercassi__ (cercare) una in campagna!
2. Il regista temeva che lo spettacolo __facesse__ (fare) fiasco, invece il pubblico applaudì calorosamente.
3. Mario non poteva credere che quell'appartamento __costasse__ (costare) così poco: sicuramente la banca gli avrebbe concesso il mutuo!
4. Sono contento che tu __ti trasferisca__ (trasferirsi) a Bologna: finalmente saremo più vicini!
5. Siete andati a vedere quel film che vi avevo consigliato? Spero che vi __sia piaciuto__ (piacere).
6. Giuseppe amava il suo lavoro, ma ho sempre pensato che __si stressasse__ (stressarsi) troppo.
7. Già negli anni '70 si diceva che il pianeta __avesse__ (avere) seri problemi ecologici, ma molti credevano che __si trattasse__ (trattarsi) solo di pessimismo!
8. Ci pareva strano che Nicola non __telefonasse/avesse telefonato__ (telefonare), ma non potevamo immaginare che gli __avessero rubato__ (rubare) il cellulare.

Quaderno degli esercizi — Unità 7

14 Scegli l'alternativa corretta.

Tutto quello che devi sapere sullo School #ClimateStrike

COSA
Gli studenti escono da scuola e partecipino / <u>partecipano</u> (1) al #ClimateStrike (Sciopero per il Clima) per lanciare un appello ai governi affinché mantengono / <u>mantengano</u> (2) l'aumento della <u>temperatura</u> / barriera (3) media globale sotto il livello limite di +1.5°C rispetto all'era pre-industriale e <u>proteggano</u> / proteggono (4) il nostro futuro.

PERCHÉ
Le ondate di caldo, <u>le inondazioni</u> / le acque (5) e gli uragani stanno provocando centinaia di vittime e devastano comunità in tutto il mondo. <u>Il cambiamento</u> / L'inquinamento (6) climatico è già in atto. I governi non hanno ancora preso provvedimenti per fronteggiarlo, nonostante i climatologi chiariscono / <u>chiariscano</u> (7) che abbiamo solo otto anni per evitare <u>le conseguenze</u> / i rischi (8) peggiori.

QUANDO
Ogni venerdì scendiamo in piazza per protestare contro <u>l'indifferenza</u> / il coinvolgimento (9) della politica nei confronti della crisi climatica. Di qui il nome Fridays For Future (Venerdì per il Futuro).

15 Completa con la forma giusta dei verbi. Vedi anche l'Approfondimento grammaticale a pagina 222 del Libro dello studente.

1. Cerco una casa in campagna che ....*abbia*.......... (avere) una grande cucina, come quelle di una volta.
2. Antonella vorrebbe sapere se anche tu ....*verrai/vieni*.......... (venire) al concerto jazz.
3. Anche se ....*andavi*.......... (andare) di fretta, avresti potuto almeno salutare.
4. Magari ....*avessi finito*.......... (finire) prima! Vi avrei raggiunti subito al parco!

5. Grazie! Tu sei l'unico che mi ....*aiuti*.......... (aiutare) in questo momento! Gli altri non capiscono.
6. Luca e Matteo mi hanno chiesto se tu ....*preferiresti*.......... (preferire) una pianta o un vaso, come regalo di compleanno. Cosa gli dico?
7. Lisa, era meglio che tu ....*aspettassi*.......... (aspettare) ancora un po' prima di andare via! In certe situazioni bisogna ....*avere*.......... (avere) pazienza!
8. Che ....*fosse*.......... (essere) difficile lo sapevamo, ma speravamo di passare comunque l'esame!

16 Associa le frasi scegliendo la congiunzione corretta. Vedi anche l'Approfondimento grammaticale a pagina 222 del Libro dello studente.

1. Le ore passarono — **nel caso in cui** (*d*) — a. chiudano per la pausa pranzo.
2. Ci guardò (*come se*) — **senza che** — b. non avesse capito.
3. Le lasciò la macchina (*nel caso in cui*) **malgrado** (*e*) — c. ci annoiassimo.
4. Non ha mangiato niente (*malgrado*) **affinché** (*f*) — d. avesse voluto andare dal medico.
5. Li accompagnai (*affinché*) **prima che** (*a*) — e. avesse fame.
6. Vada all'ufficio postale (*prima che*) **come se** (*b*) — f. arrivassero in tempo alla stazione.

17 Leggi i due testi (Testo A e Testo B) e indica a quale testo si riferiscono le informazioni seguenti.

Storia di una struttura eco-sostenibile

Testo A
Ripartire da zero, lasciare tutto. Chi non ci ha pensato almeno una volta?
C'è chi l'ha fatto: Vittoria ha deciso di cambiare vita, ha lasciato il suo lavoro nel frenetico mondo della moda ed è andata alla ricerca di una vita più sostenibile!
Vivere al mare è sempre stato il suo sogno, ma dopo tanti anni a Milano, le sembrava sempre più difficile lasciare tutto, il lavoro, gli amici, gli impegni… Finché un giorno Vittoria sente di essere arrivata al limite e segue il suo istinto: dalla caotica e inquinata Milano si trasferisce in Liguria, una piccola casa di sassi con la vista sul mare, un grande giardino e un orto ricco di piante profumate!
Qui, grazie alla natura, ha rallentato i suoi ritmi: ha imparato a coltivare, a prendersi cura del giardino, ha adottato i primi animali, si è dedicata alla pratica dello yoga…
L'occasione di comprare un vecchio rustico vicino a casa ha fatto nascere il suo nuovo progetto di vita: un bed and breakfast eco-friendly per offrire un posto tranquillo a chi ha bisogno di riposarsi lontano dallo stress della città.
Albacottage è un luogo magico e immerso nella natura, dove meditare, fare lezioni di yoga, scoprire i paesaggi incontaminati delle colline in mountain bike… Un luogo per condividere esperienze e stili di vita "lenti": il suo motto è "Non esiste una via per la felicità… La felicità è la via".

Testo B
Conosce tre lingue e ha in tasca una laurea in finanza alla Boston University. Ha fatto mille esperienze tra luoghi, tradizioni e stili di vita diversi: ha vissuto a New York, in villaggi sperduti nelle isole Fiji, in Francia, senza corrente e acqua potabile in Sierra Leone, e ancora in Francia e in Svizzera… Tutti gli dicevano di non tornare, perché l'Italia "non è un paese per giovani" e per chi come lui ha il pallino per l'imprenditoria, è meglio rimanere all'estero. Ma Filippo non ha rinunciato al suo sogno: "L'Italia è il mio Paese: volevo dimostrare che anche qui è possibile investire in realtà eco-sostenibili".
Ora la sua vita è in Umbria, dove ha sviluppato una comunità sostenibile in un piccolo borgo del XV secolo immerso nella campagna.
A Monestevole ci sono tre grandi appartamenti eco-sostenibili. Qui l'energia è prodotta dall'impianto fotovoltaico, l'acqua calda dal solare termico, il riscaldamento viene dalla biomassa prodotta con la legna e lo spreco d'acqua è minimo.
"Nel rispetto delle stagioni, cerchiamo sempre di misurare e migliorare il nostro impatto ecologico, dall'energia, alle acque, dalla bioedilizia alla permacultura, dal compost alla gestione dei rifiuti". E aggiunge: "Abbiamo creato un modello ideale di stile di vita eco-sostenibile nel rispetto della tradizione locale e questo rende Monestevole il posto giusto per rilassarsi e sperimentare la vita di campagna".

Quaderno degli esercizi

1. Il/La protagonista ha inseguito e realizzato un sogno. Ⓐ B
2. Il/La protagonista ha fatto a lungo un lavoro stressante. Ⓐ B
3. Il/La protagonista ad un certo punto ha sentito il bisogno di fare un cambiamento. Ⓐ B
4. Il/La protagonista ha viaggiato molto, talvolta anche in situazioni non facili. A Ⓑ
5. Molti hanno provato a scoraggiare il/la protagonista. A Ⓑ
6. Il/La protagonista ha imparato a vivere seguendo i ritmi naturali. Ⓐ B
7. La struttura è un progetto nato da un'opportunità. Ⓐ B
8. La struttura è indipendente dal punto di vista energetico. A Ⓑ
9. La struttura offre varie attività per il tempo libero. Ⓐ B
10. La struttura cerca di stare al passo con la natura e le sue esigenze. A Ⓑ

18 Completa il post con le preposizioni semplici o articolate.

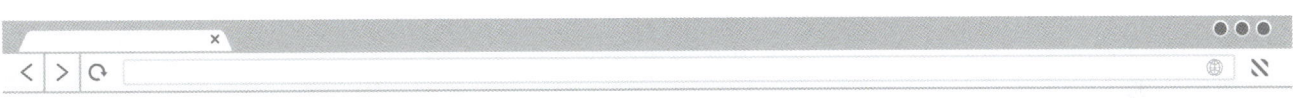

QUANTO SPENDERE PER L'AFFITTO?

Di questi tempi è molto difficile riuscire ..*a*.. (1) pagare un mutuo e sempre più famiglie pensano ..*di*.. (2) posticipare l'acquisto ..*della*.. (3) propria casa.
Ma quanto possiamo spendere ..*per*.. (4) l'affitto? Qual è la percentuale ..*dello*.. (5) stipendio o ..*delle*.. (6) entrate che una famiglia o un single possono spendere?
Il nostro esperto sostiene che, se aggiungiamo ..*al*.. (7) canone d'affitto le spese ordinarie, come la spesa al supermercato, le bollette, i vestiti, e alcune spese extra che possono sempre capitare, l'ideale sarebbe non spendere più ..*del*.. (8) 30%. Naturalmente, quando cerchiamo casa, è bene capire quali sono le nostre priorità: la zona, i servizi, la distanza ..*dal*.. (9) centro, la metratura ecc. Se alcune ..*di*.. (10) queste rendono l'affitto più caro, è opportuno limitare gli altri consumi.
L'obiettivo è arrivare ..*a*.. (11) fine mese tranquilli, ..*con*.. (12) denaro sufficiente per affrontare eventuali spese impreviste.

19 Ascolta il brano una volta e indica l'affermazione giusta. Poi riascolta per verificare le tue risposte.

1. Il WWF
   a. è la più grande associazione ambientalista del pianeta
   b. è impegnato nella ricerca per l'energia nucleare
   c. protegge solo gli animali in via di estinzione

2. Tra i fondatori del WWF nel 1961 c'erano
   a. un naturalista, un re, una regina e un pittore
   b. il disegnatore del logo dell'associazione
   c. il principe Filippo di Edimburgo e la regina Elisabetta II

3. In Italia il WWF
   a. fa riferimento alla sezione Svizzera
   b. gestisce tutti i parchi del territorio
   c. si occupa di progetti conservativi ed educativi

4. Il WWF porta avanti oltre 1.300 progetti
   a. a livello globale
   b. di purificazione delle acque
   c. sulle energie rinnovabili

A Scegli l'alternativa corretta.

1. Credevamo che ..a.. (1), non immaginavamo ..a.. (2) ancora qui!
   (1) a. foste già partiti
       b. siate già partiti
       c. partireste
   (2) a. di trovarvi
       b. che mi trovaste
       c. trovare

2. Secondo Luigi, l'iniziativa "Spiagge pulite" ..b.. (1) il prossimo fine settimana; io invece credo che ..c.. (2) domenica scorsa.
   (1) a. si tenga
       b. si terrà
       c. tenersi
   (2) a. si fosse tenuta
       b. si tenga
       c. si sia tenuta

3. ..c.. (1) Carlo non si sentisse bene, è dovuto andare in ufficio perché ..a.. (2) finire un lavoro per il giorno dopo.
   (1) a. Nel caso
       b. Come se
       c. Sebbene
   (2) a. doveva
       b. era bene che
       c. avrebbe

4. Chi poteva immaginare che la temperatura ..b.. (1) tanto in questi giorni? Che dici: ..a.. (2) al mare?
   (1) a. saliva
       b. salisse
       c. sia salita
   (2) a. andiamo
       b. andremmo
       c. andassimo

5. ..a.. (1) aver ritrovato il mio cane. Non pensavo che ..b.. (2) trovare la strada di casa da solo.
   (1) a. Sono felice di
       b. Sono contento che
       c. Sono certo
   (2) a. possa
       b. potesse
       c. abbia potuto

6. La nonna dice che il nonno le ..c.. (1) sempre dei fiori quando era in viaggio per lavoro perché voleva che lei lo ..a.. (2).
   (1) a. mandi
       b. mandassi
       c. mandava
   (2) a. pensasse
       b. pensava
       c. pensi

B Inserisci le parole date negli spazi evidenziati e coniuga i verbi fra parentesi negli spazi bianchi.

piste ciclabili ♦ ognuno ♦ raccolta differenziata ♦ elettrica

Aldo_92
Secondo me, sarebbe meglio che tutti noi _smettessimo_ (1. *smettere*) di usare le automobili.

FRANCO
Aldo_92, hai proprio ragione: io penso di _vendere_ (2. *vendere*) la mia macchina e comprare una bicicletta _elettrica_ (3).

Test finale — Unità 7

Ecologista
Secondo me, ...**è**... (4. *essere*) molto importante cosa fa ciascuno di noi per l'ambiente. Molti pensano che la colpa ...**sia**... (5. *essere*) solo delle industrie o dei politici.

Elsa_2011
Pienamente d'accordo con Ecologista. Non dobbiamo dimenticare la responsabilità di ...**ognuno**... (6) di noi: è giusto che tutti ...**riciclino**... (7. *riciclare*) i rifiuti facendo la **raccolta differenziata** (8).

Roberto
Esatto. Per rispondere ad Aldo_92, i comuni potrebbero creare delle **piste ciclabili** (9), nonostante questa soluzione mi ...**sembri**... (10. *sembrare*) difficile da realizzare, perché nessuno ...**vuole**... (11. *volere*) rinunciare alle proprie comodità.

Natura
Sì, tutte le proposte mi sembrano buone. Ma non vorrei che ...**facessimo**... (12. *fare*) l'errore di credere che possiamo fare tutto da soli. È necessario che i governi ...**prendano**... (13. *prendere*) importanti decisioni e facciano scelte radicali.

C Risolvi il cruciverba.

Verticali
1. Casa con i mobili.
2. Agenzia per cercare casa.
3. Materiale con cui sono fatte le matite.
4. Cambiare casa.
6. Riutilizzare la carta, il vetro, la plastica…

Soluzioni cruciverba:
- 1 verticale: ARREDATA
- 2 verticale: IMMOBILIARE
- 3 verticale: LEGNO
- 4 verticale: TRASLOCARE
- 6 verticale: RICICLARE
- 5 orizzontale: PLASTICA
- 7 orizzontale: RINNOVABILE
- 8 orizzontale: BICICLETTA
- 9 orizzontale: SPRECARE
- 10 orizzontale: TEMPERATURA

Orizzontali
5. Materiale molto dannoso, soprattutto per il mare e i suoi abitanti.
7. Energia che non inquina.
8. Mezzo di trasporto per la pista ciclabile.
9. Contrario di risparmiare.
10. Più aumenta quella del pianeta, più l'ambiente soffre.

Risposte giuste: ...... /35

Giochi

Unità 8 — Tempo libero e tecnologia

Tutti gli esercizi sono disponibili in formato interattivo su www.i-d-e-e.it

Quaderno degli esercizi

1 a Fai l'abbinamento.

1. scrivere *(d)*
2. stare sui *(e)*
3. avere *(c)*
4. usare *(a)*
5. fare la collezione *(h)*
6. seguire *(g)*
7. avere *(b)*
8. postare *(f)*

a. i social per lavoro
b. una vita sociale
c. follower
d. post su Facebook
e. social network
f. selfie
g. un influencer
h. di "mi piace"

b Scegli 3 espressioni dell'esercizio 1a e scrivi 3 frasi su di te.

....
....
....
....

Marzamemi, Sicilia

2 Rispondi alle domande formulando dei periodi ipotetici di 1° tipo.

1. • Dove andrai in vacanza?
   • Se ....*avrò*........ (avere) i soldi, ...*farò*........ (fare) il giro della Sicilia.

2. • Vuoi un altro caffè?
   • Se ne ....*bevo/berrò*........ (bere) un altro, non ....*dormo/dormirò*........ (dormire) tutta la notte.

3. • Quando arrivate, dove andrete?
   • Se ....*arriveremo*........ (arrivare) tardi, ...*andremo*........ (andare) direttamente in albergo.

4. • Verrai in montagna? Sai, forse verrà anche Claudio!
   • Se ....*ci sarà*........ (esserci) anche lui, ...*verrò*........ (venire) sicuramente.

5. • Verrete questa sera a cena da noi?
   • Se la baby sitter non ....*ha*........ (avere) impegni, ...*veniamo*........ (venire) senz'altro.

6. • Comprerai lo yogurt che mi piace tanto?
   • Se ....*andrò*........ (andare) al supermercato, lo ....*comprerò*........ (comprare).

92

Quaderno degli esercizi — Unità 8

3 Completa i mini dialoghi con i verbi dati al tempo giusto.

ingrassare • allenarsi sostituire • diventare • fare dovere • andare • stare lamentarsi

1
A: Che cosa fai questo fine settimana?
B: Se non dovrò lavorare, __andrò/vado__ a sciare. Vuoi venire?

2
A: Cosa stanno dicendo alla radio? Che se si dorme meno di 6 ore al giorno, si __ingrassa__ più facilmente?! Veramente?!
B: Sì, sembra che __faccia__ venire più fame.

3
A: Hanno chiamato quelli della compagnia telefonica: se __diventi__ anche tu loro cliente, avremo uno sconto del 35% sul canone mensile. Proviamo?
B: Non so… Ti __lamenti__ sempre che non hai rete! Non mi sembra una buona idea!

4
A: Mamma, secondo te, io e Lucia vinceremo la partita?
B: Se __vi allenerete__ con costanza, sicuramente avrete più possibilità di ottenere un buon risultato!

5
A: Hai sentito? Sembra che il primo soprano __stia__ male! Annulleranno lo spettacolo!
B: Ma va! Se il primo soprano sta male, la __sostituisce/sostituirà__ il secondo soprano!

6
A: Ma dobbiamo studiare anche il Secondo dopoguerra per la verifica di martedì?
B: Certo! Se non __dovessimo__ studiarlo, la professoressa non ce l'avrebbe spiegato!

4 Trasforma le frasi: da periodo ipotetico di 1° tipo a periodo ipotetico di 2° tipo.

es. Se domani vai al cinema, vengo con te. → *Se andassi al cinema, verrei con te.*

1. Se siete liberi, venite da noi per guardare Montalbano in TV?
   Se foste liberi, verreste da noi per guardare Montalbano in TV?

2. Se mi invita a cena, accetto volentieri: mi diverto sempre con lui.
   Se mi invitasse a cena, accetterei volentieri: mi diverto sempre con lui.

3. Se parla con Gianni, forse lui potrà aiutarla.
   Se parlasse con Gianni, forse lui potrebbe aiutarla.

4. Se il mare non è freddo, mio zio fa il bagno tutti i giorni.
   Se il mare non fosse freddo, mio zio farebbe il bagno tutti i giorni.

5. Se Anna va al supermercato, le chiederò di comprarmi il dentifricio.
   Se Anna andasse al supermercato, le chiederei di comprarmi il dentifricio.

6. Davide, se fa bel tempo, questo fine settimana possiamo andare al mare!
   Davide, se facesse bel tempo, questo fine settimana potremmo andare al mare!

5 Completa con il periodo ipotetico di 1° e di 2° tipo e fai il test.

SEI DIPENDENTE DALLA TECNOLOGIA?

1. Se _entri_ (entrare) in un locale e ti accorgi che non c'è la connessione Wi-fi...
   a. cambi bar, potresti finire i giga sul telefono.
   b. pensi che non importa, è solo il tempo di un caffè al banco.
   c. pensi "meglio, posso leggere il giornale in pace!".

2. Se _andassi_ (andare) su un'isola deserta, porteresti
   a. lo smartphone.
   b. il lettore di e-book.
   c. qualcosa da mangiare.

3. Se _piove_ (piovere),
   a. inviti gli amici per giocare alla Wii.
   b. guardi un film alla televisione.
   c. finisci quel libro che hai iniziato tempo fa.

4. Se improvvisamente ti ricordassi di un vecchio compagno di scuola,
   a. lo _cercheresti_ (cercare) su Facebook.
   b. gli _telefoneresti_ (telefonare).
   c. gli _scriveresti_ (scrivere) una lettera: devi avere il suo indirizzo in agenda.

5. Se alla posta hai il numero 284 e ora è il turno del numero 200,
   a. _guardi_ (guardare) un video su YouTube.
   b. _ascolti_ (ascoltare) musica.
   c. _leggi_ (leggere) una rivista.

6. Se _ti trovassi_ (trovarsi) in una città nuova e _dovessi_ (dovere) raggiungere il tuo albergo,
   a. ti orienteresti con navigatore e internet!
   b. avresti la cartina, scaricata da internet la sera prima.
   c. chiederesti indicazioni a un passante.

PROFILI:

Se hai più risposte A
La tua è una vera dipendenza: non puoi vivere senza smartphone e internet! Attenzione: rischi di perdere il contatto con la realtà.

Se hai più risposte B
Usi internet, e la tecnologia in genere, nella giusta misura. Pensi che sia utile, ma che si possa farne benissimo a meno qualche volta.

Se hai più risposte C
Non sei assolutamente dipendente dalla tecnologia: per te la vita è solo quella reale. Al giorno d'oggi, però, un po' di tecnologia può essere utile.

Quaderno degli esercizi — Unità 8

6 Completa con le espressioni date.

ma non è possibile ♦ questa sì che ♦ che brava
congratulazioni ♦ ma è assurdo

1. • Io ed Emma ci sposiamo il mese prossimo. • _Congratulazioni_!
2. • Ce l'ho fatta! Ho superato l'esame di Fisica. • _Che brava_! Sono contento per te.
3. • Ieri a scuola mi hanno rubato la bicicletta. • Cosa?! _Ma è assurdo_! A scuola?!
4. • Mamma, è finita la marmellata… • _Ma non è possibile_! Ne abbiamo aperto un vasetto ieri mattina!
5. • Da oggi comincia la raccolta differenziata nella nostra scuola. • Ecco, _questa sì che_ è una bella idea!

7 Collega le due colonne per formare dei periodi ipotetici di 2° e 3° tipo.

1. Se Giorgio si fosse fermato allo stop, (f)
2. Se fosse tornato in anticipo, (d)
3. Se ci fosse lo sciopero, (e)
4. Se tutti fossimo più attenti a non sporcare, (b)
5. Se non fossimo suoi clienti da tanto tempo, (a)
6. Se ci fermassimo a pranzare in un agriturismo, (c)

a. non ci avrebbe fatto lo sconto.
b. le nostre città sarebbero più pulite.
c. sarebbe meglio anche per i bambini.
d. mi avrebbe telefonato.
e. la metro sarebbe chiusa.
f. avrebbe evitato l'incidente.

8 Completa le frasi come nell'esempio.

es. Se potessi andare in vacanza, ci _andrei_ (andare) subito.
Se fossi potuto andare in vacanza, ci _sarei andato_ (andare).

1. Se avessi tempo, _mi iscriverei_ (iscriversi) a un corso di yoga.
   Se avessi avuto tempo, _mi sarei iscritto_ (iscriversi) a un corso di yoga.
2. Se Mario capisse gli errori che fa, non li _ripeterebbe_ (ripetere).
   Se Mario avesse capito gli errori che ha fatto, non li _avrebbe ripetuti_ (ripetere).
3. Se _continuasse_ (continuare) gli studi, potrebbe fare una brillante carriera.
   Se _avesse continuato_ (continuare) gli studi, avrebbe potuto fare una brillante carriera.
4. Se Gloria _si comportasse_ (comportarsi) seriamente, mi fiderei di lei ciecamente.
   Se Gloria _si fosse comportata_ (comportarsi) seriamente, mi sarei fidata di lei ciecamente.
5. Se fumassi di meno, oggi non _avresti_ (avere) tutti questi problemi di salute.
   Se avessi fumato di meno, non _avresti avuto_ (avere) tutti quei problemi di salute.

9 Formula dei periodi ipotetici di 3° tipo come nell'esempio.

es. Non ti ho telefonato perché era già mezzanotte.
Se non fosse stata mezzanotte, ti avrei telefonato.

1. Siamo rimasti senza soldi perché non siamo riusciti a trovare un bancomat.
Se avessimo trovato un bancomat, non saremmo rimasti senza soldi.

2. Mi devi scusare, ma ero occupato e non sono venuto a trovarti.
Se non fossi stato occupato, sarei venuto a trovarti.

3. Ha passato tutta la serata al computer e non è uscito con gli amici.
Sarebbe uscito con gli amici se non avesse passato tutta la serata al computer.

4. Questa mattina non ho fatto colazione e mi sono sentito male al lavoro.
Se avessi fatto colazione, non mi sarei sentito male al lavoro.

5. Non ha seguito le istruzioni e ha danneggiato la stampante nuova.
Se avesse seguito le istruzioni, non avrebbe danneggiato la stampante nuova.

6. Mimmo ti ha chiesto di pagare il conto perché aveva perso il portafoglio.
Se Mimmo non avesse perso il portafoglio, non ti avrebbe chiesto di pagare il conto.

10 Osserva le immagini e completa le frasi.

a Periodo ipotetico di 1° tipo:

1. Se andiamo a Roma, *visiteremo i Musei Vaticani.*

2. Se ci sarà molta nebbia non verrò in macchina, *prenderò il treno.*

3. Se avete *freddo*, potete accendere il riscaldamento.

4. Se domani fa bel tempo, noi *andremo al mare.*

b Periodo ipotetico di 2° tipo:

11 Trasforma le frasi come nell'esempio.

es. Non ho seguito il consiglio dei miei amici e adesso mi trovo in questo pessimo albergo.
Se avessi seguito il consiglio dei miei amici, non mi troverei in questo pessimo albergo.

1. Non siamo andati con loro e adesso non siamo ad Assisi.
   Se fossimo andati con loro, adesso saremmo ad Assisi.

2. Non ho mangiato niente e ora mi gira la testa.
   Se avessi mangiato qualcosa, ora non mi girerebbe la testa.

3. Non ho ricevuto nessun invito, per questo non sono alla festa ora.
   Se avessi ricevuto un invito, sarei alla festa ora.

4. Non ho lavorato molto e adesso non sono stanco.
   Se avessi lavorato molto, adesso sarei stanco.

5. Il treno non è partito in orario e non sono ancora in ufficio.
   Se il treno fosse partito in orario, sarei già in ufficio.

6. Parli in questo modo perché non hai visto la trasmissione.
   Se avessi visto la trasmissione, non parleresti in questo modo.

12 Leggi le frasi e indica se il pronome evidenziato è diretto o indiretto.

	diretto	indiretto
1. Se l'avessi comprato allora, questo orologio mi sarebbe costato molto meno!	X	
2. Gli ho scritto ieri, ma non mi ha ancora risposto.		X
3. Anche se le ho prese tutte, non sono bastate.	X	
4. Se mi avessi prestato gli appunti, forse avrei passato l'esame!		X
5. Che cosa ci fa qui? Chi l'ha chiamata?	X	
6. Dove l'hanno nascosto i ragazzi? In cucina?	X	
7. Da quella volta non le ho mai più parlato.		X
8. Chi vi manda tutte queste email?		X

13 Ascolta e completa le frasi (massimo 4 parole).

1. Ma cosa fanno i giovanissimi di fronte a quegli schermi? _Chattano, spesso con sconosciuti_, scambiano denaro in cambio di codici o trucchi...
2. Quello che si va a creare infatti è un legame _che li rende asociali_ e preoccupa perché è in continuo aumento.
3. Non si tratta tuttavia di _una sindrome simile a_ quella di hikikomori, anche se ha aspetti patologici comuni come _la dipendenza dalla rete_.
4. I genitori potrebbero _cercare di condividere_ con i loro figli almeno una partita, qualche giocata.
5. ...se notano reazioni inconsulte da parte dei loro figli, cercare di capire che questo è dato anche dalla dipendenza da gioco e da internet, _oltre che i normali_ capricci che possono fare i bambini.
6. E di certo comprargli dei _giochi idonei alle_ loro età.

14 Completa le frasi con il pronome *ci*, come nell'esempio. Vedi anche l'Approfondimento grammaticale a pag. 224 del Libro dello studente.

es. Mi ha telefonato Carlo per andare a teatro. Che dici? Vado a teatro? →
Mi ha telefonato Carlo per andare a teatro. Che dici? _Ci vado?_

1. Mi piacerebbe visitare Pompei. Non sono mai stato a Pompei.
Mi piacerebbe visitare Pompei, _non ci sono mai stato_.
2. Zia Giulia accompagna me e Clara alla stazione domenica.
Domenica _ci accompagna_ la zia Giulia alla stazione.
3. Il direttore chiama sempre noi per risolvere i problemi con i dipendenti.
Il direttore _ci chiama sempre_ per risolvere i problemi con i dipendenti.
4. Perché a voi chiedono sempre di uscire? Loro a noi non telefonano mai!
Perché a voi chiedono sempre di uscire? Loro _non ci telefonano mai_!
5. In estate io e i miei fratelli facciamo la doccia almeno due volte al giorno!
Ci facciamo la doccia almeno due volte al giorno in estate!

Pompei, Napoli

6. Penso spesso agli esami di maturità: sono stati un momento importante!
   Gli esami di maturità sono stati un momento importante: _ci penso spesso_!

7. Nonostante avessi preso l'impegno di scrivere un articolo, non sono riuscito a scrivere l'articolo.
   Nonostante avessi preso l'impegno di scrivere un articolo, _non ci sono riuscito_.

15 Scegli l'alternativa corretta.

es. • Ti piace il caffè? • No, non molto, non ci / ne / <u>lo</u> bevo mai.

1. • Sei andato a vedere lo spettacolo di Pierfrancesco?
   • No, ma ci / <u>ne</u> / l' ho sentito parlare molto bene!

2. • Hai il numero di Chiara? • Sì, <u>ce l'</u>/ ne l' / gliel' ho. Me l'ha dato lei.

3. • Conosci molte canzoni di Fabrizio De Andrè? • No, ci / <u>ne</u> / le conosco solo alcune.

4. • È arrivata la nuova collezione di stivali. Li ha visti? • Sì! Bellissimi! Ci / Ne / <u>Li</u> ho provati tutti!

5. • <u>Ci</u> / Ne / Lo scriverete una cartolina dall'India? • Certamente! Chissà quanto <u>ci</u> / ne / vi metterà ad arrivare!

6. • <u>Ce la</u> / Ce ne / Gliela fate con le borse della spesa? • No, <u>ci</u> / ne / vi daresti una mano?

7. • Andiamo a <u>farci</u> / farne / farlo il bagno al lago? • Al lago? Mmh... Non mi piace il lago. Non possiamo <u>andarci</u> / andarne / andarlo solo per mangiare il pesce?

8. • Per <u>lavarci</u> / lavarne / lavarli le mani possiamo usare questo sapone? • Certo, ci / <u>l'</u> / ne ho comprato proprio per questo.

16 a Completa il testo con le parole date.

qualcosa ♦ altre ♦ ce ne ♦ chi ♦ nessuna ♦ ne ♦ niente ♦ in cui ♦ qualcuno ♦ quelli che

L'UOMO SENZA TELEFONINO
Una razza in via d'estinzione o già estinta?
Se ne conoscete almeno uno scriveteci.

Una razza in via d'estinzione o già estinta? Se _ne_ (1) conoscete almeno uno, scriveteci!
Oggi mi sono fatto un piccolo regalo. Ho lasciato il cellulare sulla scrivania e sono uscito a prendere un caffè. _Niente_ (2) telefonate, sms o mail. Ho riscoperto uno strano silenzio. Il nuovo lusso dei tempi di oggi è questo: vivere senza cellulare. _Chi_ (3) ci riesce? Conoscete _qualcuno_ (4) che viva senza cellulare e abbia tra i 15 e i 75 anni? Se sì, fermatelo: forse vi potrà raccontare _qualcosa_ (5) di interessante. Siamo ormai abituati a parlare da soli per la strada o camminare lentamente, con le teste abbassate sul cellulare, a scrivere un messaggio, leggere una mail o pubblicare una foto su Facebook, anche quando siamo con _altre_ (6) persone.
Nessuna (7) critica: solo immagini quotidiane che mostrano come è cambiato il nostro modo di comunicare. E allora inizia la ricerca di _quelli che_ (8) vivono senza il telefonino. _Ce ne_ (9) sono ancora in Italia? Ci sono ancora dei sopravvissuti al cellulare in un Paese _in cui_ (10) il 90,7% possiede un telefonino e dove ci sono più schede SIM che persone?

adattato da *www.corriere.it*

b Ora completa i commenti con le parole date negli spazi evidenziati e con i verbi tra parentesi negli spazi bianchi.

ci ◆ gliene ◆ ce ne
ci mette ◆ navigo

Sono io
Io non uso alcun cellulare, ma non credo per questo di *avere* (1. avere) una storia da raccontare. Mi piace il silenzio e odio i telefoni di qualsiasi genere. Però *navigo* (2) spesso in internet.

Niente cellulare e niente auto!
Sembra davvero incredibile, ma vedo che *ce ne* (3) sono di persone che vivono senza un telefono cellulare. Mia nonna è una di queste. Lei, oltre a non avere il cellulare, non utilizza nemmeno l'auto! Ma possiamo vivere senza cellulare? Certo! E *vivremmo* (4. vivere, noi) certamente meglio se pochi lo avessero!

Lorenzo
Si chiama Lorenzo. È alto, grosso e intelligente. Per conservare un sorriso, che oggi è rarissimo incontrare, non utilizza per niente il cellulare e poco i social network. Credo che *capisca* (5. capire) l'importanza del vivere senza stress. Per andare al lavoro (a 5 chilometri da casa sua), ogni mattina, *ci mette* (6) 25 minuti in bici.

È tutto più vero
Ciao, Andrea, 27 anni, da Lecce. Da 8 anni lavoro all'estero, almeno 2 Paesi differenti all'anno. Eppure, non ho più lo smartphone dall'anno scorso. Penso che non *ci sia* (7. esserci) niente di più bello e di più vero. Quando voglio comunicare qualcosa di importante, scrivo un'email o una bella lettera!

Senza telefonino
Il mio babbo si chiama Franco e non usa il telefonino. Non l'ha mai usato e la cosa non gli ha mai creato nessun problema. Mamma ha provato a regalar*gliene* (8) uno da usare almeno i fine settimana quando va a camminare in montagna da solo. Ma lui niente, dice che non *ci* (9) sta nello zaino! 🙂

L'unico telefono a cui risponde è il telefono fisso del suo ufficio, dalle 8.30 alle 19.30. Poi quando esce FINE. Nessun disturbo, nessuno squillo fastidioso, nessuna disattenzione quando guida, nessun videogioco mentre è in coda, nessuna interruzione quando legge il giornale, nessun cliente che lo cerca anche a casa. Sono sicura che *vivere* (10. vivere) senza il cellulare lo rende più sereno e lo fa essere anche meno apprensivo con noi figli. Dovremmo provarci anche noi.

Quaderno degli esercizi — Unità 8

17 Abbina i verbi ai sostantivi e poi le espressioni sotto le immagini corrispondenti.

*scaricare ♦ salvare ♦ premere ♦ inviare
seguire ♦ fare*

*un'applicazione ♦ un'email
un tasto ♦ una videoconferenza
un file in una cartella ♦ una videochiamata*

Scaricare un'applicazione

Inviare un'email

Salvare un file in una cartella

Fare una videochiamata

Seguire una videoconferenza

Premere un tasto

18 Metti in ordine il dialogo.

[1] *Alberto:* Eleonora, mi daresti una mano? Lo schermo del mio computer non funziona.

[3] *Alberto:* Sì, e sono sicuro che funziona, perché me ne hanno dato uno nuovo due settimane fa... Ho anche provato a muovere il mouse ma non si vede niente...

[5] *Alberto:* Oh no! E come faccio ora? Devo finire di scrivere l'articolo entro le 6!

[7] *Alberto:* Giusto, brava! Sai dov'è il cavo del caricabatterie?

[4] *Eleonora:* Hai provato a spegnere e a riaccendere il pc? Se nemmeno così funziona, allora potrebbe trattarsi di un problema più serio. Bisogna chiamare un tecnico.

[2] *Eleonora:* Il filo è collegato? Hai controllato?

[6] *Eleonora:* Puoi prendere il tablet che usiamo per le interviste. Ricordati solo di metterlo a caricare perché l'ultima volta che l'ho usato la batteria era quasi scarica.

[8] *Eleonora:* L'ho messo nel cassetto sotto la stampante.

19 a Leggi attentameinte e sottolinea nel testo le frasi corrispondenti alle informazioni che seguono.

1. Gli italiani hanno sempre meno tempo da dedicare alle proprie passioni.
2. Tutti gli italiani devono conciliare le attività del tempo libero con le loro entrate mensili.
3. Gli italiani amano occuparsi della casa nel tempo libero.
4. Buona parte degli italiani ha dichiarato di preferire il giardinaggio alle altre attività fai-da-te.
5. Tra le attività sportive singole più praticate ci sono quelle all'aperto.
6. La cucina acquisisce sempre più importanza tra le attività del tempo libero.

ITALIANI E TEMPO LIBERO

(1) <u>Riuscire a trovare del tempo per gli hobby e le passioni, durante la frenetica vita di tutti i giorni,</u> tra lavoro, gestione delle finanze ed impegni improrogabili, <u>sta diventando quasi un'utopia per buona parte della popolazione:</u> solo poco più del 50% degli italiani riesce a ritagliarsi qualche ora per praticare sport o da dedicare agli hobby.

(2) <u>Ad ogni modo, un fattore unisce tutti, ovvero l'esigenza di far coincidere le proprie passioni con il budget mensile a disposizione.</u> Sono infatti le attività a basso costo quelle preferite dagli italiani. In queste attività rientrano gli sport, il fai-da-te casalingo e l'arte, come pittura, scultura e musica.

(3) **Fai da te** - <u>Molti italiani impiegano il loro tempo libero unendo l'utile al dilettevole, ovvero effettuando piccoli interventi di manutenzione casalinga,</u> come riparazione di elettrodomestici, falegnameria, giardinaggio,
(4) creazione o riparazione di vestiti... <u>Tra queste, la preferita dal 31% degli intervistati è il giardinaggio,</u> soprattutto nelle isole e nelle regioni del Sud, il cui clima permette di passare molto più tempo all'aria aperta.

Questi hobby "casalinghi" mettono assieme budget e necessità di staccare la spina: si risparmia sul budget dedicato alla manutenzione e ci si rilassa.

Attività sportive singole e di squadra - Anche se in molti non possono praticare sport outdoor, per cui
(5) preferiscono attività come la palestra, <u>discipline semplici e a costo zero come la corsa e la camminata veloce sono tra le più praticate tra le attività da fare da soli;</u> il calcio, il calcetto, il ciclismo e il tennis, invece, sono in cima alle preferenze degli sport che permettono anche di socializzare.

Tutti ai fornelli - Anche grazie al proliferare di trasmissioni televisive e alla vita degli "chef star", <u>tempo</u>
(6) <u>sempre maggiore si dedica alla cucina,</u> da sempre al centro della cultura e della società italiana. Un dato significativo in questo caso è quello di genere: uomini e donne condividono ugualmente questa passione.

adattato da *www.eunews.it*

b Leggi di nuovo il testo e rispondi alle domande (massimo 20 parole).

1. Gli italiani hanno tempo libero?
   Solo poco più della metà degli italiani ha qualche ora di tempo libero da dedicare ai propri hobby.

2. Quali sono le loro attività preferite?
   Attività poco costose come lo sport, il fai-da-te casalingo e l'arte.

Quaderno degli esercizi — Unità 8

3. Qual è il vantaggio degli hobby "fai-da-te"?
   Fanno risparmiare le spese di manutenzione e fanno rilassare.

4. Quali sono le attività che gli italiani preferiscono fare con gli amici?
   Sport di squadra, come il calcio, il calcetto, il ciclismo e il tennis.

5. Che cos'ha di particolare la passione per la cucina?
   È condivisa allo stesso modo dagli uomini e dalle donne.

20 Indica se nelle seguenti frasi abbiamo un periodo ipotetico della realtà (R), della possibilità (P) o dell'impossibilità (I).

1. [R] Se non sei stanca, propongo di uscire a fare una passeggiata.
2. [I] Sarebbe stato bello se in Italia fossero venuti anche i tuoi.
3. [P] Se Luca conoscesse anche il tedesco, potrebbe lavorare con noi.
4. [P] Se avessi un telefonino con una fotocamera migliore, comprerei quest'ultima applicazione.
5. [R] Se vogliamo parlare con Marco, telefoniamogli!
6. [I] Il film del regista Damiani ti sarebbe piaciuto di più se avessi letto il libro di Leonardo Sciascia da cui è tratto.

21 Ascolta l'intervista a Salvatore Aranzulla e scegli la risposta corretta.

CD 2 — 17

1. La persona intervistata è
   a. un politico
   b. un informatico
   (c.) un imprenditore

2. I collaboratori di Aranzulla
   a. si occupano di tutto, dai pc al fotoritocco
   (b.) sono specializzati in settori diversi
   c. sono tutti sui dodici anni

3. Il sito di Salvatore è nato
   (a.) per aiutare gli amici
   b. per gioco
   c. per guadagnare con la pubblicità

4. Il sito è popolare perché
   a. gli italiani preferiscono le notizie online
   b. è sponsorizzato da Google
   (c.) molti hanno problemi con l'informatica

5. Il segreto del successo di Aranzulla è
   a. parlare male di tutti i produttori
   b. avere molte recensioni positive
   (c.) essere sincero con i suoi utenti

Salvatore Aranzulla

A Scegli l'alternativa corretta.

1. Se tutti gli uffici del Comune ..b.. (1) il computer, non ci sarebbe bisogno di aspettare una settimana per un certificato. ..a.. (2) che ci siano ancora uffici senza computer!

    (1) a. avessero avuto
         b. avessero
         c. abbiano avuto

    (2) a. Ma è incredibile
         b. Complimenti
         c. Era ora

2. Non sarei venuto da te se non ..b.. (1) sicuro che mi ..c.. (2).

    (1) a. sarei
         b. fossi stato
         c. sia

    (2) a. aiutavi
         b. hai aiutato
         c. avresti aiutato

3. Se non ..a.. (1) quel programma scaricato illegalmente, ora il tuo computer non ..c.. (2) pieno di virus.

    (1) a. avessi installato
         b. avrebbe installato
         c. installasse

    (2) a. fosse
         b. era
         c. sarebbe

4. Se ..c.. (1), ..b.. (2).

    (1) a. era arrivato
         b. arrivasse
         c. fosse arrivato

    (2) a. ne telefonerebbe
         b. ci avrebbe telefonato
         c. si sarebbe telefonato

5. Se ..a.. (1) tanto questi dolcetti, ..a.. (2) tutti!

    (1) a. ti piacciono
         b. ti piacessero
         c. ti piaceranno

    (2) a. mangiali
         b. mangiatene
         c. mangiateci

6. • Antonio! Ma quanti libri ..c.. (1)?
   • Quanti? ..c.. (2) solo due!

    (1) a. comprarti
         b. compravi
         c. hai comprato

    (2) a. Ne ho preso
         b. Ci ho presi
         c. Ne ho presi

B Abbina le due colonne per formare delle frasi.

1. Fammi sapere (c)
2. Usciremmo più spesso, (e)
3. Se sei stanco, (d)
4. Se Elena avesse messo la sveglia, (a)
5. Se avessi la possibilità, (b)

a. forse sarebbe arrivata in orario.
b. partirei per una vacanza anche domani.
c. se ti serve una mano.
d. vai a casa!
e. se non dovessi lavorare tanto.

Test finale — Unità 8

C Completa il testo con le parole date negli spazi evidenziati e i verbi alla forma corretta negli spazi blu.

se ne • qualsiasi • si • gli • se

MA CON IL CELLULARE GIULIETTA E ROMEO SI SAREBBERO SALVATI DI LUCIANO DE CRESCENZO

Mio nonno aveva capito tutto del telefono. Un giorno qualcuno *gli* (1) spiegò come funzionava. «Vedete, - gli dissero - il telefono è una cassetta che a un certo punto suona, voi, allora, andate a rispondere». «Come? - *domandò* (2. domandare) mio nonno – Lui suona e io devo andare a rispondere...». Insomma, aveva capito la dipendenza tecnologica. È vero che il telefonino non chiede mai il permesso quando squilla e può interromperti in *qualsiasi* (3) momento. Secondo me, sarebbe necessario insegnare nelle scuole come usare il telefonino, avremmo un domani migliore. Però, a pensarci bene, chissà come *sarebbe cambiata* (4. cambiare) la storia se il telefonino fosse stato inventato prima. Napoleone, ad esempio, non avrebbe perso a Waterloo. Con il telefonino avrebbe chiamato Grouchy: «Sono Napoleone. Corri subito che qua ci sono i prussiani!». Giulietta e Romeo non *si sarebbero uccisi* (5. uccidersi). Lei avrebbe chiamato il suo amato e gli avrebbe detto: «Romeo, fai attenzione, io non sono morta, sto solo dormendo. Non fare come al tuo solito che ti lasci prender dall'emozione».
E per finire neanche Egeo *si sarebbe tolto* (6. togliersi) la vita. Lui aveva mandato il figlio Teseo a uccidere il Minotauro e gli aveva detto: «Quando torni, Teseo, *se* (7) hai ucciso il Minotauro, cambia il colore alle vele. Togli le vele nere e metti quelle bianche. Così io posso capire, anche da lontano, che hai vinto». Purtroppo Teseo *se ne* (8) dimenticò ed Egeo si uccise buttandosi nel mare. Se *ci fossero stati* (9. esserci) il telefonino, oggi quel mare, invece di chiamarsi *Egeo*, *si* (10) chiamerebbe *Mare Telecom Italia Mobile*.

adattato da *www.corriere.it*

Antonio Canova, *Teseo sul Minotauro*

D Risolvi il cruciverba.

```
1                3        4
C    2 P O R T A T I L E
H            5  A        L
I            C  S        E
O            O  T        T
C  6 L E G A M B I E N T E
C            P  E        R
7 I N S T A L L A R E     O
O            I  A        N
L            M           I
A         8 T R E        C
                N        A
                T
                I
```

Orizzontali

2. Il computer che possiamo portare con noi.
6. La più importante associazione ambientalista italiana.
7. Inserire un programma nel computer.
8. Numero dei tipi di periodo ipotetico.

Verticali

1. @ in italiano.
3. La utilizziamo per scrivere al computer.
4. E-mail in italiano: posta ...
5. Espressione che usiamo per congratularci.

Risposte giuste: .... /35

Giochi

Unità 9 — L'arte... è di tutti!

Tutti gli esercizi sono disponibili in formato interattivo su www.i-d-e-e.it

Quaderno degli esercizi

1 Fai l'abbinamento.

1. Il campionato è stato *(b)*
2. Questa canzone sarà presto *(e)*
3. Un computer nuovo sarebbe stato *(a)*
4. È importante che gli inviti siano stati *(f)*
5. Aveva paura che il suo libro non fosse *(d)*
6. Nel film quella storia era *(c)*

a. apprezzato di più come regalo.
b. vinto dalla mia squadra.
c. raccontata in modo molto divertente.
d. letto da nessuno.
e. ascoltata da tutti.
f. spediti in tempo.

2 Trasforma le seguenti frasi alla forma passiva con *essere*, come nell'esempio.

es. Tutti considerano Leonardo da Vinci un genio.
Leonardo da Vinci è considerato da tutti un genio.

1. Più di quattro milioni di persone visitano ogni anno la Galleria degli Uffizi.
La Galleria degli Uffizi è visitata ogni anno da più di quattro milioni di persone.

2. Gianna sceglierà il quadro per il direttore.
Il quadro per il direttore sarà scelto da Gianna.

3. Le ragazze hanno superato la prima prova del concorso.
La prima prova del concorso è stata superata dalle ragazze.

4. Tutti i siti specialistici danno la notizia.
La notizia è data da tutti i siti specialistici.

5. I miei genitori hanno scambiato Luca per il mio fidanzato.
Luca è stato scambiato per il mio fidanzato dai miei genitori.

6. Credo che Elena scelga la sorella come testimone di nozze.
Credo che la sorella sia scelta come testimone di nozze da Elena.

Leonardo da Vinci, Milano

3 Trasforma, quando possibile, le frasi dell'esercizio 2, come nell'esempio.

es. Leonardo da Vinci è considerato da tutti un genio.
Leonardo da Vinci viene considerato da tutti un genio.

La Galleria degli Uffizi viene visitata ogni anno da più di quattro milioni di persone.; Il quadro per il direttore verrà scelto da Gianna; La notizia viene data da tutti i siti specialistici.; Credo che la sorella venga scelta come testimone di nozze da Elena.

Quaderno degli esercizi

4 Trasforma le frasi con il verbo alla forma passiva. Dove possibile, usa sia *essere* che *venire*.

1. Era preferibile che la professoressa Numi accompagnasse i suoi studenti in gita al Parco Nazionale del Pollino.
   Era preferibile che gli studenti fossero/venissero accompagnati in gita al Parco Nazionale del Pollino dalla professoressa Numi.

2. In questo paesino della Calabria fanno il miglior gelato d'Italia!
   Il miglior gelato d'Italia è/viene fatto in questo paesino della Calabria.

3. Credo che Stefano abbia interpretato male le mie parole.
   Credo che le mie parole siano state interpretate male da Stefano.

4. Ogni giorno in Italia rubano circa 350 auto.
   Ogni giorno, circa 350 auto sono/vengono rubate in Italia.

5. Tutti consideravano questo museo uno dei più sicuri del mondo.
   Questo museo era/veniva considerato uno dei più sicuri del mondo.

6. Alessandro Volta inventò la batteria elettrica.
   La batteria elettrica fu/venne inventata da Alessandro Volta.

Parco Nazionale del Pollino, Basilicata

5 Riscrivi alla forma passiva le parti in verde dei titoli di giornale.

1 MAXI OPERAZIONE ANTIMAFIA: SEMBRA CHE LA POLIZIA ABBIA ARRESTATO PIÙ DI 20 PERSONE.

2 IL 15 APRILE IL MACRO INAUGURA LA NUOVA MOSTRA SUL FUTURISMO: ATTESI PIÙ DI 100.000 VISITATORI.

3 GONDOLA SI CAPOVOLGE: I VIGILI DEL FUOCO SALVANO QUATTRO TURISTI.

4 FACEVANO IL BAGNO NELLA FONTANA DI TREVI. LA POLIZIA HA SORPRESO I TURISTI E HA FATTO LORO UNA MULTA.

5 AVREBBE RUBATO CIRCA VENTIMILA BOTTIGLIE DI PROSECCO. ARRESTATO IL CUSTODE DELLA SEDE DELL'AZIENDA.

6 LA BELLEZZA SALVERÀ IL MONDO? UNA DOMANDA A CUI CERCHERANNO DI DARE RISPOSTA DOMANI AL CAFFÈ LETTERARIO DI VIA FIRENZE ARTISTI, ARCHITETTI E SCRITTORI.

1. *Sembra che più di 20 persone siano state arrestate dalla Polizia.*
2. *La nuova mostra sul Futurismo viene/è inaugurata il 15 aprile dal Macro.*
3. *Quattro turisti sono/vengono salvati dai Vigili del fuoco.*
4. *I turisti sono stati sorpresi dalla Polizia.*
5. *Circa ventimila bottiglie di prosecco sarebbero state rubate.*
6. *Il mondo sarà/verrà salvato dalla bellezza?*

6 Scrivi alla forma passiva con *venire* alcuni importanti avvenimenti della storia d'Italia e del mondo.

1. Nel 1492, Cristoforo Colombo scoprì l'America.
   Nel 1492, l'America venne scoperta da Cristoforo Colombo.
2. Nel 1576, Benedetto Gentile ideò la lotteria.
   Nel 1576, la lotteria venne ideata da Benedetto Gentile.
3. Nel 1854, Antonio Meucci costruiva il primo telefono.
   Nel 1854, il primo telefono veniva costruito da Antonio Meucci.
4. Nel 1903, Giuseppe Bezzera inventa la macchina per il caffè espresso.
   Nel 1903, la macchina per il caffè espresso viene inventata da Giuseppe Bezzera.
5. Nel 1957, la FIAT mise sul mercato la 500, simbolo del boom economico.
   Nel 1957, la 500 venne messa sul mercato dalla Fiat.
6. Nel 2002 solo 12 Paesi dell'Unione Europea adottavano l'Euro.
   Nel 2002, l'Euro veniva adottato solo da 12 Paesi dell'Unione Europea.

7 Trasforma le frasi alla forma passiva.

1. Nel museo della nostra città esporranno opere di Caravaggio.
   Nel museo della nostra città saranno/verranno esposte opere di Caravaggio.
2. Pensavo che avrebbe restaurato il quadro il professor Biglia.
   Pensavo che il quadro sarebbe stato restaurato dal professor Biglia.
3. Non abbiamo speso niente perché Giovanni aveva pagato tutto.
   Non abbiamo speso niente perché tutto era stato pagato da Giovanni.
4. Credo che molti stranieri conoscano le opere artistiche italiane.
   Credo che le opere artistiche italiane siano conosciute da molti stranieri.
5. Era strano che nessuno avesse visto i ladri.
   Era strano che i ladri non fossero stati visti da nessuno.
6. Pensavo che Giulia avesse già ordinato i mobili per la villa.
   Pensavo che i mobili per la villa fossero stati già ordinati da Giulia.

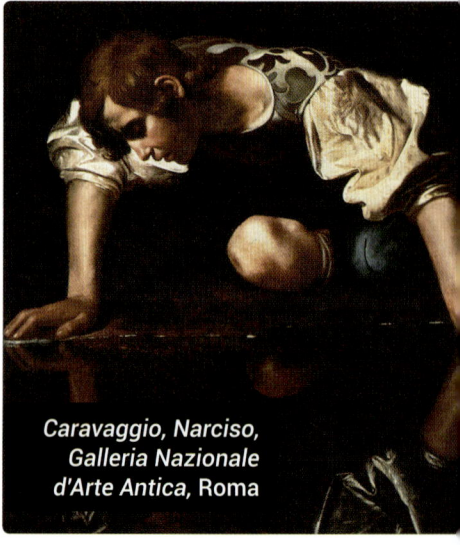

Caravaggio, Narciso, Galleria Nazionale d'Arte Antica, Roma

8 Fai l'abbinamento.

1. Ma sul serio *(e)*
2. Non scherzo mai *(d)*
3. Dimmi che è andato tutto bene: *(a)*
4. Ti posso garantire che *(f)*
5. Non c'è dubbio che i ragazzi *(c)*
6. È davvero incredibile *(b)*

a. è così, vero?
b. che la nostra squadra sia riuscita a vincere.
c. abbiano detto la verità.
d. quando si tratta del nostro futuro.
e. vuoi cambiare lavoro?
f. è uno spettacolo bellissimo: devi vederlo.

Quaderno degli esercizi | Unità 9

9 Metti in ordine gli elementi per completare le frasi alla forma passiva con i verbi *potere* e *dovere*.

1. pagato | entro la | dovrebbe | essere | fine del mese. | il conto del dentista
   Il conto del dentista *dovrebbe essere pagato entro la fine del mese.*

2. presi | e il venerdì. | i libri | in prestito | il lunedì, | possono | essere | il mercoledì
   I libri *possono essere presi in prestito il lunedì, il mercoledì e il venerdì.*

3. essere | rispettati | devono | i professori | dagli studenti | e viceversa.
   I professori *devono essere rispettati dagli studenti e viceversa.*

4. da tutti. | non | un articolo | essere | letto | così difficile | può
   Un articolo *così difficile non può essere letto da tutti.*

5. un libro così | solo | poteva | grande scrittore. | essere | scritto | da un
   Un libro così *poteva essere scritto solo da un grande scrittore.*

6. da poche persone. | essere | comprata | penso che | possa | una villa così grande e confortevole
   Penso che *una villa così grande e confortevole possa essere comprata da poche persone.*

10 Completa le frasi con le parole date e poi trasformale dalla forma attiva a quella passiva.

cantante ♦ museo ♦ architetto ♦ scultore ♦ pittore ♦ fotografi

1. Pochi *fotografi* professionisti possono fare foto con questi colori.
   Foto con questi colori possono essere fatte da pochi fotografi professionisti.

2. Quel *pittore* potrebbe dipingere l'intero affresco in una sola settimana.
   L'intero affresco potrebbe essere dipinto da quel pittore in una sola settimana.

3. Solo un *museo* dovrebbe acquistare questo quadro di grande valore.
   Questo quadro di grande valore dovrebbe essere acquistato solo da un museo.

4. Il tuo amico *scultore* potrebbe realizzare la statua da regalare al nostro capo.
   La statua da regalare al nostro capo potrebbe essere realizzata dal tuo amico scultore.

5. Un bravo e famoso *architetto* deve progettare un edificio così importante.
   Un edificio così importante deve essere progettato da un bravo e famoso architetto.

6. La *cantante* del loro gruppo potrebbe interpretare questo tipo di brano.
   Questo tipo di brano potrebbe essere interpretato dalla cantante del loro gruppo.

11 a Fai l'abbinamento.

1. Il curriculum vitae *(e)*
2. Questi documenti *(a)*
3. Il maglione di lana *(f)*
4. I formaggi *(b)*
5. Questa intervista *(g)*
6. È il museo più importante della città: *(c)*
7. C'è un documentario sull'ambiente in TV, credo che *(d)*

a. devono essere consegnati domani.
b. devono essere tenuti in frigorifero.
c. deve essere visitato.
d. debba essere visto da tutta la famiglia.
e. va inviato per email.
f. doveva essere lavato in acqua fredda.
g. deve essere letta con attenzione.

b Trasforma le frasi alla forma passiva con il verbo *andare*, come nell'esempio.

es. *Il curriculum vitae va inviato per email.*

1. Questi documenti vanno consegnati domani.
2. Il maglione di lana andava lavato in acqua fredda.
3. I formaggi vanno tenuti in frigorifero.
4. Questa intervista va letta con attenzione.
5. È il museo più importante della città: va visitato.
6. C'è un documentario sull'ambiente in TV, credo che debba essere visto da tutta la famiglia.

12 a Completa con le parole date. Attenzione: ci sono due parole in più.

pittura • natura morta • l'architettura • capolavori • Cappella • chiaroscuro
scolpito • il prototipo • mosaico • riproduzione • la statua

Opere celebri di Michelangelo

Quale opera rappresenta meglio il genio artistico di Michelangelo? Difficile dirlo, visto che di *capolavori* (1) l'artista ne ha realizzati tanti!
Tra i più celebri c'è sicuramente il *David*, *scolpito* (2) dal Buonarroti tra il 1501 e il 1504, oggi esposto alla Galleria dell'Accademia di Firenze. All'epoca però, un comitato di artisti, di cui faceva parte anche Leonardo da Vinci, aveva scelto di mettere *la statua* (3) all'aperto, sotto la Loggia dei Lanzi, mentre Michelangelo aveva proposto una posizione davanti a Palazzo Vecchio dove sarebbe stata più visibile e dove, infatti, ancora oggi si trova una *riproduzione* (4) dell'originale.
I più famosi esempi della straordinaria *pittura* (5) di Michelangelo sono gli affreschi della volta e il *Giudizio Universale* (1536-1541) della *Cappella* (6) Sistina. L'uso di un forte *chiaroscuro* (7), la mole delle figure nude e i colori vivaci renderanno questi dipinti *il prototipo* (8) per il futuro stile manierista.
Infine, per quanto riguarda *l'architettura* (9), negli anni Trenta del XVI secolo, l'artista ha ristrutturato Piazza del Campidoglio (1534-1538) a Roma, aggiungendo il particolare disegno a stella.
Non tutti sanno, però, che l'unica opera firmata da Michelangelo è la *Pietà*, scultura giovanile del 1497-1499 che si trova nella Basilica di San Pietro in Vaticano.

b Leggi di nuovo il testo e metti in ordine cronologico le opere di Michelangelo.

 a 3
 b 2
 c 4
 d 1

Quaderno degli esercizi — Unità 9

13 Scegli l'alternativa corretta per completare il testo su Leonardo da Vinci.

Leonardo da Vinci

L'artista - Nel 1472, a soli vent'anni, dipinge a Firenze l'*Annunciazione* (Uffizi). Nel 1481 comincia l'*Adorazione dei magi* (Uffizi) *a* (1) lascia incompiuta per andare a Milano, dove *c* (2) circa vent'anni è al servizio di Ludovico il Moro *b* (3) pittore, scultore, architetto, regista e scenografo.
A questo periodo appartengono *La Vergine delle rocce* e il famosissimo *Cenacolo* o *Ultima cena*, che si *b* (4) nel convento di Santa Maria delle Grazie, a Milano.
Nel 1501 torna a Firenze dove dipinge *La Gioconda*, attualmente *c* (5) al Louvre a Parigi, sul *a* (6) sorriso enigmatico sono state avanzate tante teorie. Passa un secondo periodo fertile a Milano e muore in Francia nel 1517, dove era stato chiamato dal re Francesco I, suo *b* (7) ammiratore. Nei suoi dipinti applica la tecnica dello sfumato, cioè del morbidissimo chiaroscuro, frutto della sua sperimentazione tecnica.

Lo scienziato - Si occupa di anatomia, astronomia, idraulica, fisica, matematica e ottica. Le sue invenzioni e i suoi studi fanno di Leonardo forse il più grande *b* (8) di tutti i tempi. Disegnò tantissime macchine (ad esempio elicotteri, carri armati) tutte rivoluzionarie per quell' *a* (9). Lasciò oltre 7.000 manoscritti con schizzi, disegni, commenti, studi, tra cui il *Codice Atlantico*, il *Codice Arundel* e quello sul *c* (10) *degli uccelli* (anche per questo l'aeroporto di Roma si chiama Leonardo da Vinci).

	A	B	C
1.	che	dove	quando
2.	a	se	per
3.	per	come	dal
4.	dipinge	trova	ascolta
5.	trovata	rubata	conservata
6.	cui	di	che
7.	ottimo	grande	felice
8.	scrittore	genio	filosofo
9.	epoca	decennio	corrente
10.	canto	ali	volo

14 *Andare* o *venire*? Completa le frasi con il verbo giusto.

1. In bicicletta o in moto, il casco ......*va*...... sempre messo.
2. Il biglietto ......*va*...... convalidato prima di salire sul treno.
3. Credo che il concerto del primo maggio ......*venga*...... organizzato ogni anno a Roma.
4. Ho saputo che Claudia ha trovato lavoro: ......*verrà*...... assunta tra un mese come segretaria.
5. Questi sono errori che ......*vanno*...... corretti per poter parlare bene una lingua straniera.
6. È giusto che la visione dei film horror ......*venga*...... proibita ai minori di 14 anni?

15 Completa le frasi con la forma passiva (*si passivante*) dei verbi dati.

cucinare • fare • produrre • trovare • vedere • studiare

1. Dalla cupola di San Pietro ___si vede___ un panorama fantastico.
2. In quel negozio non ___si fanno___ mai sconti.
3. Nel mio Paese ___si studiano___ molto le lingue straniere.
4. In quel ristorante ___si cucina___ benissimo il piatto tipico della regione.
5. Nei mercati all'aperto ___si trovano___ tante cose a buon prezzo.
6. In Italia ___si producono___ degli ottimi vini.

San Pietro, Roma

16 a Indica quali di queste frasi si possono trasformare usando il si passivante.

1. Uso sempre di più l'aereo per viaggiare. ☐
2. Tra un mese verrà pubblicato un libro sul recente restauro del *Giudizio Universale* dal mio professore di Arte. ☐
3. In quel piccolo paese della Sicilia la posta viene consegnata due volte alla settimana. ☒
4. La musica jazz è ascoltata da poche persone. ☐
5. La cucina italiana viene apprezzata in tutto il mondo. ☒
6. Questi bellissimi gioielli sono fabbricati in Italia. ☒

b Trasforma le frasi che hai indicato nell'esercizio precedente.

3. In quel piccolo paese della Sicilia la posta si consegna due volte alla settimana.;
5. La cucina italiana si apprezza in tutto il mondo.;
6. Questi bellissimi gioielli si fabbricano in Italia.

17 Metti in ordine le parole per formare delle frasi come nell'esempio. Inizia con le parole evidenziate.

es. sono | molte | del passato | si | perse
Si sono perse molte tradizioni del passato.

1. è | per | una | costruire | ponte | quel | si | usata | nuova | tecnica
Per costruire quel ponte si è usata una nuova tecnica.
2. di soldi | per l'inaugurazione | si | pinacoteca | sono | un | della | spesi | sacco
Per l'inaugurazione della pinacoteca si sono spesi un sacco di soldi.
3. l'antica | nel 1748 | di | scoprì | Pompei | città | si
L'antica città di Pompei si scoprì nel 1748.

Quaderno degli esercizi

4. corso | si | molte attività | organizzate | durante il | sono | divertenti
   Durante il corso si sono organizzate molte attività divertenti.

5. bugie | molte | tra | si | sono | sul | Michele | dette | e Veronica | rapporto
   Molte bugie si sono dette sul rapporto tra Michele e Veronica.

6. Botticelli | nuovi | si | sugli ultimi | stanno | anni di | di | dati | raccogliendo | vita
   Si stanno raccogliendo nuovi dati sugli ultimi anni di vita di Botticelli.

18 Modifica le frasi come nell'esempio.

es. C'è un canale TV dove possiamo vedere tanti vecchi film.
   C'è un canale TV dove si possono vedere tanti vecchi film.

1. Per continuare dobbiamo scrivere la password in questo spazio.
   Per continuare, si deve scrivere la password in questo spazio.

2. Se vuoi studiare a Milano, dobbiamo trovare una stanza in affitto.
   Se si vuole studiare a Milano, si deve trovare una stanza in affitto.

3. Possiamo fare molto per la tutela dell'ambiente.
   Si può fare molto per la tutela dell'ambiente.

4. Gli amici devono essere rispettati e devono essere aiutati.
   Gli amici si devono rispettare e aiutare.

5. Domenica possiamo visitare i musei senza pagare il biglietto.
   Domenica si possono visitare i musei senza pagare il biglietto.

6. Questa decisione dovrebbe essere presa in fretta, se vogliamo fare in tempo.
   Questa decisione si deve prendere in fretta, se si vuole fare in tempo.

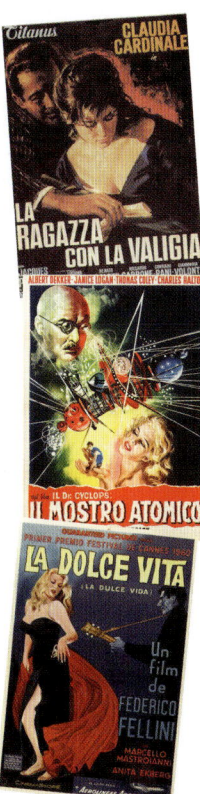

Siena

19 *Si* passivante (P) o *si* impersonale (I)? Indica la risposta corretta.

1. Si dice che nei prossimi giorni farà molto caldo. **I**
2. Negli ultimi mesi si sono creati molti posti di lavoro. **P**
3. Non si dovrebbe giudicare senza conoscere bene la situazione. **I**
4. Quando si è stanchi, è normale che si dorma fino a tardi. **I**
5. Non si può vedere la città perché c'è la nebbia. **P**
6. Non è vero che in questa casa si mangia male. **I**

20 Collega le due colonne e completa i proverbi.

1. Meglio tardi — b
2. Una rondine *(f)*
3. L'abito non fa *(a)*
4. Quando il gatto non c'è *(c)*
5. Tra moglie e marito *(e)*
6. Le bugie *(d)*

a. il monaco.
b. che mai.
c. i topi ballano.
d. hanno le gambe corte.
e. non mettere il dito.
f. non fa primavera.

21 a Completa con le parole date.

capolavoro ♦ serata ♦ museo ♦ dipinti ♦ pittore ♦ restauro

A Castiglione d'Orcia, sabato 14 novembre alle ore 16.30, presentazione dei lavori di *restauro* (1) compiuti sul dipinto trecentesco *Madonna col Bambino* della scuola del celebre *pittore* (2) senese Pietro Lorenzetti. Il *capolavoro* (3) torna in mostra tra gli altri straordinari *dipinti* (4) della scuola senese nella Sala d'Arte San Giovanni. Alla presentazione seguirà una visita al *museo* (5) per ammirare il dipinto restaurato accanto ai capolavori di Simone Martini, Giovanni di Paolo e Vecchietta. La *serata* (6) sarà conclusa da un aperitivo.

adattato da www.beniculturali.it

b Scrivi i nomi che corrispondono ai seguenti verbi.

1. costruire — *costruzione*
2. inventare — *invenzione*
3. affrescare — *affresco*
4. dipingere — *dipinto*
5. restaurare — *restauro*
6. inaugurare — *inaugurazione*

22 Completa con le preposizioni semplici o articolate.

STRESS DA GIOCONDA, I DIPENDENTI DEL LOUVRE SMETTONO DI LAVORARE

Il personale *del* (1) museo di Parigi ha chiesto un premio *alla* (2) direzione per "ripagarlo" dallo stress supplementare causato *dalla* (3) maggiore attenzione che viene loro richiesta *per* (4) controllare il dipinto di Leonardo. «Lo stress è chiaramente legato *al* (5) numero di visitatori. – ha spiegato un dipendente del Louvre – Quel che è insopportabile è il continuo rumore *della* (6) folla, specialmente *nelle* (7) sale più note, come quella dove si trova la Monna Lisa. La domenica, quando l'ingresso è gratis, è ancora peggio. Si può arrivare fino *a* (8) 65 mila visitatori in un giorno».

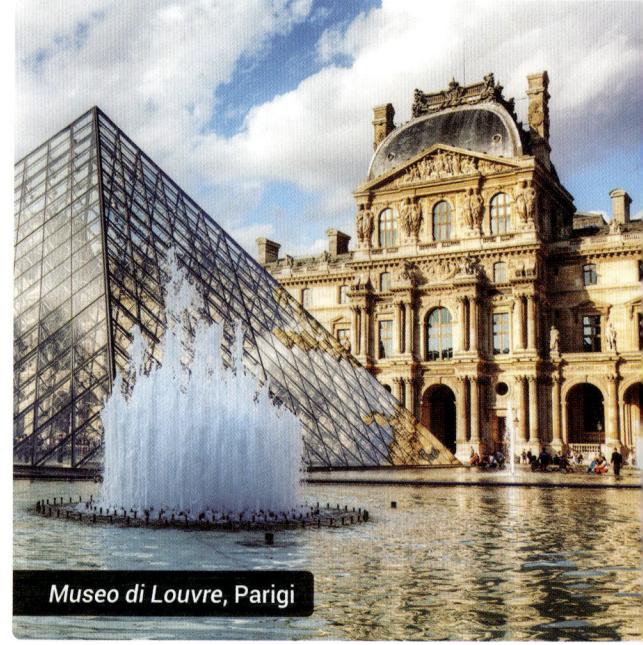

Museo di Louvre, Parigi

23 Collega, come nell'esempio, le frasi con le opportune forme di collegamento (congiunzioni, preposizioni, pronomi, avverbi) eliminando o sostituendo, se necessario, alcune parole. Trasforma dove necessario i verbi nel modo e nel tempo opportuni.

es. Mio padre aveva un quadro prezioso | mio padre ha venduto il quadro | il prezzo del quadro è stato inferiore al valore reale

Mio padre aveva un quadro prezioso che ha venduto a un prezzo inferiore al suo valore reale.

Quaderno degli esercizi — Unità 9

1. Maurizio è laureato in Storia dell'Arte | Maurizio cerca lavoro | non ci sono molte possibilità di lavoro nel suo campo | Maurizio forse dovrà trasferirsi all'estero

   Maurizio è laureato in Storia dell'Arte e cerca lavoro. Siccome non ci sono molte possibilità di lavoro nel suo campo, forse dovrà trasferirsi all'estero.

2. Ieri è arrivata a casa mia Mary | Mary è una ragazza inglese di 23 anni | io ho conosciuto Mary a Londra | io mi sono innamorato subito di Mary

   Ieri è arrivata a casa mia Mary: una ragazza inglese di 23 anni che ho conosciuto a Londra e di cui mi sono subito innamorato.

3. Ho molti amici all'estero | io utilizzo Skype | mi sento molto più spesso con i miei amici all'estero

   Ho molti amici all'estero e da quando utilizzo Skype, mi sento molto più spesso con loro.

4. Non sono sicuro di una cosa | Luca ha capito bene l'ora dell'appuntamento | ho aspettato Luca più di mezz'ora | Luca non è arrivato

   Non sono sicuro se Luca abbia capito bene l'ora dell'appuntamento, visto che l'ho aspettato per più di mezz'ora e non è arrivato.

5. Stefano vuole andare a vedere una mostra d'arte | io preferisco andare al cinema | accetterò di andare con Stefano | Stefano deve pagarmi il biglietto

   Stefano vuole andare a vedere una mostra d'arte, io invece preferirei andare al cinema, ma se accetterò di andare con lui, deve pagarmi il biglietto.

6. Teresa è felice | oggi è il compleanno di Teresa | il padre di Teresa ha promesso di regalare a Teresa una bicicletta

   Teresa è felice perché oggi è il suo compleanno e suo padre le ha promesso di regalarle una bicicletta.

24 Ascolta l'intervista al responsabile di un museo italiano e indica l'affermazione giusta tra quelle proposte.

1. Il museo è attrezzato
   a. [x] per l'ingresso ai portatori di handicap
   b. [ ] per le visite alle collezioni private
   c. [ ] con un bar a ogni piano
   d. [ ] per le attività culturali all'aperto

2. I programmi per i visitatori prevedono anche
   a. [ ] escursioni in siti archeologici
   b. [x] visite guidate in varie lingue
   c. [ ] opuscoli informativi
   d. [ ] audio e video in una sala speciale

3. Il museo prevede anche
   a. [ ] misure di sicurezza speciali
   b. [ ] sconti per gli studenti
   c. [x] programmi specifici per le scuole
   d. [ ] carte speciali per gli stranieri

4. Il pezzo forte del museo è
   a. [ ] un ritratto
   b. [ ] un quadro astratto
   c. [x] una scultura
   d. [ ] un libro raro

A Scegli l'alternativa corretta.

1. Le nuove tecniche di restauro _a_ (1) su uno degli affreschi di Giotto. L'affresco _c_ (2) restaurato prima che sia troppo tardi.

   (1) a. saranno applicate
       b. hanno applicato
       c. sono state applicate

   (2) a. andava
       b. si doveva
       c. va

2. Per il concerto di Andrea Bocelli, i biglietti _c_ (1) acquistare a teatro. Il concerto _a_ (2) trasmesso anche su Rai 3.

   (1) a. possono essere
       b. vanno
       c. si possono

   (2) a. verrà
       b. si è
       c. è stato

3. • Conosci il proverbio che dice "L'abito non _b_ (1) il monaco"?
   • Certo! Un proverbio che _b_ (2) da tutti.

   (1) a. significa
       b. fa
       c. realizza

   (2) a. se ne dovrebbe ricordare
       b. dovrebbe essere ricordato
       c. dovrebbe ricordarsi

4. Le offerte _c_ (1) dall'avvocato Berti, ma l'opera _a_ (2) da un collezionista di cui non conosciamo il nome.

   (1) a. sono fatte
       b. si sono fatte
       c. sono state fatte

   (2) a. è stata comprata
       b. va comprata
       c. si è comprata

5. Direttore, poiché la mostra _a_ (1) l'ultima settimana di settembre, gli inviti per l'inaugurazione _b_ (2).

   (1) a. si terrà
       b. è stata tenuta
       c. si è tenuta

   (2) a. venivano già spediti
       b. si potrebbero già spedire
       c. vadano già spediti

6. L' _a_ (1) più famosa di Leonardo da Vinci è senz'altro _a_ (2).

   (1) a. opera
       b. arte
       c. artista

   (2) a. *la Gioconda*
       b. *la Primavera*
       c. *il Giudizio Universale*

B Completa con la forma passiva dei verbi tra parentesi nel modo e tempo indicato.

Il Leonardo ritrovato in America

Un dipinto di Leonardo, che _era ritenuto (si riteneva)_ (1. *ritenere*, indicativo imperfetto) perduto da diversi secoli, _è stato analizzato_ (2. *analizzare*, indicativo passato prossimo) da alcuni tra i maggiori studiosi di Leonardo da Vinci e _sarà (verrà) esposto_ (3. *esporre*, indicativo futuro semplice) alla National Gallery di Londra.

Test finale — Unità 9

Nell'opera, il *Salvator Mundi*, __è (viene) raffigurato__ (4. *raffigurare*, indicativo presente) Cristo con la mano destra alzata e la sinistra che tiene un globo. __Sarebbe stato dipinto__ (5. *dipingere*, condizionale passato) da Leonardo a Milano, poco prima di lasciare la città nel 1499, lasciandone anche alcuni studi, i più noti dei quali __sono (vengono) conservati__ (6. *conservare*, indicativo presente) al castello di Windsor.

L'opera, molti mesi fa, __è stata consegnata__ (7. *consegnare*, indicativo passato prossimo) da alcuni collezionisti americani alla National Gallery per un restauro prima della mostra. Gli studiosi del museo ritenevano che fosse di scuola leonardesca. Dopo l'eliminazione di una parte di pittura che __era stata aggiunta__ (8. *aggiungere*, indicativo trapassato prossimo) in un precedente restauro, i tecnici e importanti studiosi hanno valutato l'opera e l'hanno attribuita a Leonardo stesso, dal momento che i meravigliosi colori, i rossi e gli azzurri ricordano proprio quelli dell'*Ultima Cena*.

adattato da *www.corriere.it*

C Risolvi il cruciverba.

Verticali
1. Altro nome per indicare l'*Ultima cena* di Leonardo.
2. C'è una nuova ... dedicata a Romiti a Bologna.
4. "Mettere a posto" un'opera d'arte (verbo).
7. Ha l'oro in bocca.
8. È stata rubata dal Louvre nel 1911.

Orizzontali
3. Un dipinto che si trova sul muro!
5. Professione del Bernini.
6. È "morta" se dipingiamo degli oggetti e della frutta su un tavolo.
9. Un artista del Seicento.
10. Fotografia su tela.

Soluzioni cruciverba:
- 1 verticale: CENACOLO
- 2 verticale: MOSTRA
- 3 orizzontale: AFFRESCO
- 4 verticale: RESTAURO (RESTAURARE)
- 5 orizzontale: SCULTORE
- 6 orizzontale: NATURA
- 7 verticale: MATTINO
- 8 verticale: GIOCONDA
- 9 orizzontale: CARAVAGGIO
- 10 orizzontale: RITRATTO

Risposte giuste: ..../30

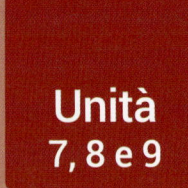
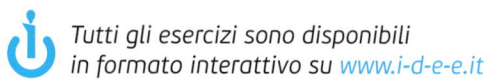

Unità 7, 8 e 9 — 3° test di ricapitolazione

Quaderno degli esercizi

A Leggi le seguenti frasi e formula dei periodi ipotetici (1° - 2° - 3° tipo).

1. Non hai dato l'esame e adesso devi studiare tutta l'estate.
   Se avessi dato l'esame, adesso non dovresti studiare tutta l'estate.

2. Non sei stato sincero e ovviamente non ti hanno creduto.
   Se fossi stato sincero, ti avrebbero creduto.

3. In centro c'era molto traffico e sono arrivato con mezz'ora di ritardo.
   Se in centro non ci fosse stato tanto traffico, non sarei arrivato con mezz'ora di ritardo.

4. Sono molto impegnato, perciò non leggo tanto.
   Se non fossi molto impegnato, leggerei di più.

5. Vieni anche tu alla festa, così non mi annoio.
   Se vieni anche tu alla festa, non mi annoio/annoierò.

6. Laura visiterebbe Venezia durante il Carnevale, ma non trova una camera.
   Se trovasse una camera, Laura visiterebbe Venezia durante il Carnevale.

7. Fa molto freddo, non esco.
   Se non facesse tanto freddo, uscirei.

8. Forse oggi pomeriggio arriva un pacco per me. Apri tu al postino.
   Se oggi pomeriggio arriva un pacco per me, apri tu al postino.

.........../8

B Completa le seguenti frasi con *ci* e *ne*.

1. • Sei mai stato in Sicilia? • No, non *ci* sono mai stato, però me *ne* ha parlato spesso Valerio che *ci* è stato tante volte.
2. Comprare un altro televisore? Non *ne* vedo la necessità.
3. Con la mia macchina nuova, per andare a Pisa *ci* abbiamo messo solo un'ora.
4. Io ti consiglio di sposare Marina solo se *ne* sei veramente innamorato.
5. Hai sentito quello che ha detto Paolo? Ma tu *ci* credi?
6. Hai visto quella ragazza in macchina? Era Teresa: *ne* sono sicuro.
7. Con questi occhiali *ci* vedo benissimo.
8. Manco da una settimana dal mio paese e già *ne* sento la nostalgia.

.........../10

C Trasforma le seguenti frasi dalla forma attiva a quella passiva e viceversa.

1. La sua magnifica voce affascinò tutti gli spettatori.
   Tutti gli spettatori furono (vennero) affascinati dalla sua magnifica voce.

2. Credevo che Roberto avesse scolpito quella statua.
   Credevo che quella statua fosse stata scolpita da Roberto.

3. Credo che la notizia sia stata trasmessa dalla radio.
   Credo che la radio abbia trasmesso la notizia.

4. La mia città è stata colpita da un violento temporale.
   Un violento temporale ha colpito la mia città.

5. Credo che i Carabinieri abbiano chiuso quella discoteca per motivi di sicurezza.
   Credo che la discoteca sia stata chiusa dai Carabinieri per motivi di sicurezza.

6. La nostra scuola assegnerà cinque borse di studio ad altrettanti studenti.
   Cinque borse di studio saranno (verranno) assegnate ad altrettanti studenti dalla nostra scuola.

7. Tante persone, in Italia, studiano il cinese.
   In Italia, il cinese è (viene) studiato da tante persone.

8. La bravura di Marcello come attore è stata ammirata da tutti.
   Tutti hanno ammirato la bravura di Marcello come attore.

......./8

D Trasforma alla forma passiva le seguenti frasi utilizzando il si passivante.

1. Ultimamente la medicina ha fatto passi da gigante.
   Ultimamente in medicina *si sono fatti* passi da gigante.

2. A Napoli possiamo mangiare una buona pizza ovunque.
   A Napoli *si può mangiare* una buona pizza ovunque.

3. Dobbiamo spedire questo pacco entro domani.
   Si deve spedire questo pacco entro domani.

4. In giro per Roma vedo spesso attori famosi.
   In giro per Roma *si vedono* spesso attori famosi.

5. Per trovare un accordo abbiamo superato tante difficoltà.
   Per trovare un accordo *si sono superate* tante difficoltà.

6. Molte volte perdiamo occasioni che sono veramente uniche.
   Molte volte *si perdono* occasioni veramente uniche.

......./6

E Coniuga i verbi tra parentesi al tempo e al modo opportuni.

1. Non pensavo che uno come te *credesse* (credere) alle favole che racconta Luisa.
2. Sei già tornato? E io che credevo che ti *piacesse (sarebbe piaciuta)* (piacere) l'Italia.
3. Non riuscivo proprio a capire cosa *volesse* (volere) Piero da me.
4. Credevo di *essermi spiegato* (spiegarsi, io) bene e che non ci fosse bisogno di riparlarne.
5. Federica, non immaginavo che *avessi finito* (finire) già il liceo.
6. Avrei voluto tanto che *foste* (essere, voi) presenti alla scena!
7. Non sapevo che i tuoi genitori *si fossero conosciuti* (conoscersi) all'università!
8. Magari *avessi saputo* (sapere, io) prima la verità!

......./8

Risposte giuste: ..../40

Unità 10
Paese che vai, problemi che trovi

Tutti gli esercizi sono disponibili in formato interattivo su www.i-d-e-e.it

Quaderno degli esercizi

1 Completa il dialogo tra Aldo e Bruno con le parole date.

allarme ♦ a quanto ne so ♦ telecamere ♦ faccia tosta ♦ furti ♦ incredibile ♦ questura ♦ colmo

• Ciao Bruno!
• Ciao Aldo, come va? Hai sentito dei _furti_ (1) che ci sono stati nel nostro quartiere?
• Sì. Pensa che Gianni, nel suo appartamento, oltre ad avere installato un sistema d' _allarme_ (2), ha messo anche le _telecamere_ (3) di sicurezza.
• Ah, non sapevo che avesse tanta paura. Beh, almeno così può stare tranquillo.
• Anche lui lo pensava, ma pare che non sia stato sufficiente. Infatti, ieri gli sono entrati i ladri in casa. E il _colmo_ (4) è che i ladri hanno rubato tutto tranne il computer perché era troppo vecchio. E gli hanno anche lasciato un messaggio: "Si compri un computer più moderno!". Pensa che _faccia tosta_ (5)!
• Ma è _incredibile_ (6)! E adesso cosa farà?
• _A quanto ne so_ (7), ha già fatto la denuncia in _questura_ (8).

2 Abbina ogni fumetto al discorso indiretto giusto. Vedi anche l'Approfondimento grammaticale a pagina 228 del Libro dello studente.

a 3 — Penso che Gloria verrebbe volentieri a cena da noi; non ha niente da fare.

b 1 — Gloria è venuta volentieri a cena da noi: non aveva niente da fare.

c 5 — Gloria sarebbe venuta volentieri a cena da noi, ma doveva studiare.

d 6 — Credevo che Gloria fosse contenta di venire a cena da noi.

e 2 — Penso che Gloria venga volentieri a cena da noi; stasera non ha niente da fare.

f 4 — Credevo che Gloria si fosse trovata bene a cena da noi.

1. Fabio ha detto che Gloria era andata volentieri a cena da loro perché non aveva niente da fare.
2. Fabio ha detto che pensava che Gloria andasse volentieri a cena da loro perché quella sera non aveva niente da fare.
3. Fabio ha detto che pensava che Gloria sarebbe andata volentieri a cena da loro perché non aveva niente da fare.
4. Fabio ha detto che credeva che Gloria si fosse trovata bene a cena da loro.
5. Fabio ha detto che Gloria sarebbe andata volentieri a cena da loro, ma doveva studiare.
6. Fabio ha detto che credeva che Gloria fosse contenta di andare a cena da loro.

3 Trasforma le seguenti frasi al discorso indiretto, come nell'esempio.

es. Anna ieri ha detto: "Non riesco a trovare la mia borsa."
Anna *ha detto che non riusciva a trovare* la sua borsa.

1. Carlo ha detto: "Torno verso le due."
Carlo *ha detto che tornava* verso le due.

2. Sofia ha detto: "Forse domani non andrò all'università."
Sofia *ha detto che forse domani non sarebbe andata* all'università.

3. Marco ci disse: "Gianni era stanco, per questo è restato a casa."
Marco *ci disse che Gianni era stanco e per questo era restato* a casa.

4. Sandro disse a suo figlio: "Dovresti studiare di più."
Sandro *disse a suo figlio che avrebbe dovuto studiare* di più.

5. Enrico mi ha detto: "Ricordo bene quel giorno in cui siamo andati al mare a pescare."
Enrico *mi ha detto che ricordava bene quel giorno in cui eravamo andati* al mare a pescare.

6. Giulia mi disse: "Non ho salutato Francesco perché non l'ho riconosciuto."
Giulia *mi disse che non aveva salutato Francesco perché non l'aveva riconosciuto*.

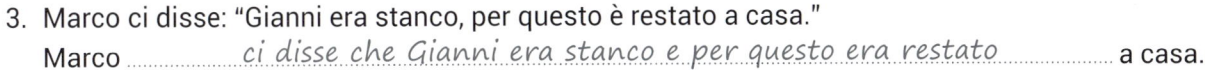

4 Trasforma le seguenti frasi dal discorso diretto al discorso indiretto. Vedi anche l'Approfondimento grammaticale a pagina 228 del Libro dello studente.

1. "Lucio, mi sembra incredibile che tu abbia imparato il tedesco in soli due mesi!"
Sara ha detto a Lucio che *le sembrava incredibile che avesse imparato il tedesco in soli due mesi*.

2. "Secondo me, avresti dovuto telefonare tu a Cinzia."
Paolo mi disse che *avrei dovuto telefonare io a Cinzia*.

3. "Credo sia arrivata in aereo, non in treno."
Credeva che Gianna *fosse arrivata in aereo, non in treno*.

4. "Comprerò una macchina a mio figlio!"
Matteo ha detto che *avrebbe comprato una macchina a suo figlio*.

5. "Non riuscirei mai a imparare una lingua come l'arabo: è troppo difficile."
Valeria disse che *non sarebbe mai riuscita a imparare una lingua come l'arabo: era troppo difficile*.

6. "Preferisco prendere un taxi; così arriverò in tempo."
Luisa ieri mi ha detto che *preferiva prendere un taxi; così sarebbe arrivata in tempo*.

5 Trova nel testo i sinonimi delle parole date.

Le persone anziane sono spesso vittime di ladri e truffatori che, approfittando a volte della loro solitudine e dei riflessi un po' rallentati, anche a causa di una salute non sempre perfetta, cercano, con abili inganni, di impossessarsi di denaro e oggetti preziosi.

Solite tecniche, soliti stratagemmi: finti tecnici di luce, gas, energia; fantomatici nipoti fermati dalla Polizia o che hanno subito un incidente stradale; finti agenti delle forze dell'ordine o finti assicuratori.

Il malvivente, che in genere indossa una finta divisa ed espone un cartellino identificativo falso, con la scusa di dover controllare gli impianti, con fare gentile conquista la fiducia dell'anziano e si introduce in casa.

«Avete oro e soldi in casa? - chiede il finto tecnico - Se li avete dovete metterli in una busta in frigo perché rischiano di essere danneggiati o distrutti durante il lavaggio delle tubature». Basta un attimo di distrazione e la truffa è compiuta: il ladro scappa con il bottino preparato dalla vittima stessa.

1. truffe: *inganni*
2. soldi: *denaro*
3. Polizia/Carabinieri: *forze dell'ordine*
4. ladro: *malvivente*
5. uniforme: *divisa*
6. con modi educati: *con fare gentile*
7. va via: *scappa*
8. oggetti rubati: *bottino*

adattato da www.lastampa.it

6 Abbina le frasi delle due colonne.

1. Hai sentito che Lucia è partita per il Giappone? (f)
2. Antonio, non comportarti così in pubblico! (e)
3. Hai sentito che Claudio e Anna Maria si sono lasciati? (d)
4. Claudia, domani verrai con me a fare spese? (c)
5. Sergio è veramente bravo: pensa che ha fatto tre esami in due mesi! (b)
6. Che dici? Carlo verrebbe con noi alla presentazione di un libro? (a)

a. Mah... Lo sai bene che non gli importa niente della letteratura.
b. E con ciò? Anch'io ne sarei capace...
c. Perdere l'intero pomeriggio in giro per i negozi? Non mi interessa affatto!
d. Ma chi se ne frega! Che facciano quello che vogliono!
e. Me ne infischio di cosa pensano gli altri!
f. E allora? Io non la vedo da una vita...

7 Scegli l'alternativa giusta.

1. Ho visto Matteo: dice che parlerà con i suoi genitori <u>domani</u> / <u>il giorno dopo</u>.
2. Francesco raccontò che aveva visto Carmen <u>due giorni fa</u> / <u>due giorni prima</u>, ma non le aveva detto nulla.
3. Barbara ha avvertito che <u>il giorno seguente</u> / <u>il giorno precedente</u> sarebbe tornata più tardi del solito.
4. I ragazzi mi hanno detto che <u>quel giorno</u> / <u>oggi</u> vanno a vedere la mostra di Caravaggio al museo.
5. Stefania confessò che <u>quella sera</u> / <u>stasera</u> era molto felice.

Quaderno degli esercizi — Unità 10

8 Trasforma le seguenti frasi dal discorso diretto al discorso indiretto o viceversa.

a. "Stasera non esco, guardo la TV perché danno un film di Bertolucci." → Giovanni mi disse che <u>quella sera non usciva, che guardava la TV perché davano un film di Bertolucci</u>.

b. "<u>Verrò in Italia dopodomani/tra due giorni</u>." → Christine mi ha detto per telefono che sarebbe venuta in Italia due giorni dopo.

c. "Prenoterò domani il volo per Milano." → Alessandra ci aveva detto che <u>avrebbe prenotato il giorno dopo il volo per Milano</u>.

d. "<u>Mi dispiace, Gianna è uscita proprio in questo momento</u>." → Simone ha detto che gli dispiaceva e che Gianna era uscita proprio in quel momento.

e. "Sono tornata dalle vacanze una settimana fa." → Milena ha detto che <u>era tornata dalle vacanze una settimana prima</u>.

f. "<u>Se volete, potete entrare. Credo che Luigi sia in casa</u>." → Sua madre ci aveva detto che se volevamo, potevamo entrare; credeva che Luigi fosse in casa.

9 Scegli l'alternativa corretta.

GLI ADOLESCENTI E LA DROGA

Quello dei giovani e la droga è un problema che riguarda la società a 360 gradi: dai ragazzi _c_ (1) loro famiglie, dalla scuola fino alle associazioni del terzo settore.

Occorre prima di tutto chiarire i confini del problema: secondo un rapporto dell'Agenzia europea delle droghe, il nostro Paese è al terzo posto per _b_ (2) di cannabis: un ragazzo su cinque, tra i 15 e i 34 anni, l'ha provata almeno una volta. Inoltre l'età media si sta abbassando: nel 2018 è stato _a_ (3) un incremento del 34 per cento del numero di minori che hanno assunto la droga per la prima volta. Guardando alle statistiche della droga tra i giovani, è facile capire come il problema non _c_ (4) certo essere sottovalutato, soprattutto dai genitori. Per questo è fondamentale intervenire fin da subito, individuando atteggiamenti e gesti "sospetti". Secondo quanto raccomandato sul portale online dei Carabinieri, si consiglia di prestare attenzione al _d_ (5) del figlio al rientro dai ritrovi con gli amici o dalle discoteche. Ovviamente si tratta di indicazioni in via generale, visto che ogni sostanza _b_ (6) effetti differenti: se la marijuana genera rilassamento ed euforia, la cocaina allontana il senso di stanchezza e provoca eccitazione.

Cosa bisogna fare _c_ (7) il proprio figlio confessa di fare uso di sostanze _a_ (8)? Il portale dei Carabinieri suggerisce di non commettere un errore pericoloso: lasciare da solo il ragazzo o la ragazza, chiudendo al dialogo, anzi. Prima di tutto bisogna capire il tipo di droga e le _d_ (9) di assunzione. Occorre poi cambiare il mondo attorno al giovane, modificando la sua routine e assicurando sempre il supporto della famiglia. È inoltre cruciale rivolgersi a un professionista che abbia esperienza in questo campo e sappia gestire la situazione. Sul territorio sono presenti tante _c_ (10) che possono dare un grande aiuto alle famiglie e ai ragazzi.

adattato da *www.donne.it*

	A	B	C	D
1.	per le	delle	alle	con le
2.	rifiuto	consumo	consumazione	fumo
3.	registrato	ricordato	affermato	cancellato
4.	può	poteva	possa	potesse
5.	umore	atteggiamento	movimento	comportamento
6.	dona	provoca	causi	sente
7.	perché	come	se	qualora
8.	stupefacenti	droghe	chimiche	tossiche
9.	dosi	modi	tipologie	modalità
10.	gruppi	regioni	associazioni	riabilitazioni

10 Trasforma le frasi come nell'esempio. Vedi anche l'Approfondimento grammaticale a pagina 228 del Libro dello studente.

es. "Marco, va' a prendere il giornale in edicola!"
Disse a Marco di andare a prendere il giornale in edicola.

1. "La mia casa è sempre aperta agli amici; vieni pure quando vuoi!"
Mi disse che *la sua casa era sempre aperta agli amici, e di andare pure quando volevo*.

2. "Vattene, maleducato!"
Gli ha detto *di andarsene*.

3. "Non vi preoccupate, portate pure i vostri amici!"
Ci hanno detto *di non preoccuparci, di portare i nostri amici*.

4. "Cosa avete fatto ieri sera?"
Ci chiese *cosa avessimo fatto la sera prima/precedente*.

5. "Chi sono quei ragazzi che ti aspettano in piazza?"
Mi hanno chiesto *chi fossero quei ragazzi che mi aspettavano in piazza*.

6. "Franco, nonostante i suoi settant'anni, è ancora attivo come pacifista e animalista?"
Ci ha chiesto se *Franco, nonostante i suoi settant'anni, fosse ancora attivo come pacifista e animalista*.

11 Completa l'articolo di giornale con le parole del riquadro.

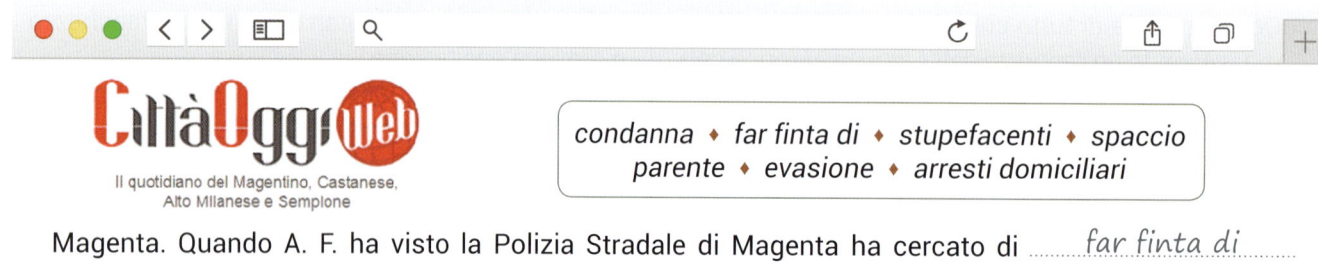

condanna • far finta di • stupefacenti • spaccio
parente • evasione • arresti domiciliari

Magenta. Quando A. F. ha visto la Polizia Stradale di Magenta ha cercato di *far finta di* (1) niente. Gli agenti hanno fermato la Fiat Panda sulla quale viaggiava e l'uomo, di 46 anni, ha detto che andava all'ospedale a trovare un *parente* (2), ma la risposta non ha convinto i poliziotti. Così hanno controllato e hanno scoperto che il 46enne era conosciuto per vari reati (furto e *spaccio* (3)), tanto da essere agli arresti domiciliari e, circa un mese fa, era stato arrestato per *evasione* (4). Nonostante tutto ha pensato bene di uscire ancora di casa perché doveva trovare degli *stupefacenti* (5). La Polizia Stradale di Magenta lo ha nuovamente arrestato per evasione. Ieri il giudice lo ha rispedito agli *arresti domiciliari* (6) e non in carcere per scontare una *condanna* (7) di un anno e otto mesi.

adattato da *www.cittaoggiweb.it*

12 Ascolta il servizio del TG sulle droghe e i giovani e completa le informazioni (massimo 4 parole).

1. Sono belle, colorate, sembrano caramelle: *sono le droghe sintetiche* utilizzate dai giovani.
2. Possiamo avere delle alterazioni *del tono dell'umore*, sia in senso depressivo che soprattutto in senso eccitatorio.

Quaderno degli esercizi — Unità 10

3. E per danno tossico diretto, e per uso anche *prolungato di queste sostanze*.
4. Se i giovani *sapessero cosa c'è* in queste pasticche, forse si guarderebbero bene dal prenderle.
5. Quel che è peggio è che, una volta fatti i danni alle cellule del cervello, *non si riparano più*.

13 Trasforma le seguenti frasi dal discorso diretto al discorso indiretto o viceversa.

1. Antonio ha ordinato al suo cane di uscire subito dalla macchina.
   "*Esci subito dalla macchina*!"
2. "Perché non si riesce a risolvere il problema della droga?"
   Costanza chiedeva perché *non si riuscisse a risolvere il problema della droga*.
3. "È possibile avere uno sconto?"
   La signora chiede se *sia possibile avere uno sconto*.
4. Voleva sapere se andavo spesso in quella palestra.
   "*Vieni spesso in questa palestra*?"
5. "Quanto costa il biglietto per Lisbona?"
   Volevano sapere *quanto costasse il biglietto per Lisbona*.
6. Vincenzo chiese a Sara se dovessero andare in quel momento da Filippo.
   "*Dobbiamo andare in questo momento da Filippo*?"

14 Completa il testo con le parole date.

*mafiose ♦ animali ♦ reati ♦ illegale
miliardi ♦ organizzazioni ♦ combattimento*

La parola ecomafia è un neologismo creato dall'associazione Legambiente per indicare le *organizzazioni* (1) criminali che commettono reati che provocano danni all'ambiente.
In particolare, sono definite "ecomafie" le associazioni criminali dedite al traffico e smaltimento *illegale* (2) di rifiuti e all'abusivismo edilizio di larga scala. La lista di attività è tuttavia ben più lunga: tra tante ricordiamo l'escavazione abusiva, il traffico di *animali* (3) esotici, il saccheggio dei beni archeologici e l'allevamento di animali da *combattimento* (4). Secondo il rapporto di Legambiente, il giro d'affari delle ecomafie sarebbe di circa 23 *miliardi* (5) di euro all'anno. Le regioni in cui si registrano il maggior numero di *reati* (6) ambientali sono nell'ordine Campania, Sicilia, Calabria e Puglia, le stesse in cui sono presenti le principali organizzazioni *mafiose* (7) italiane.

adattato da *www.caboto-el.eu*

QUANDO GLI IMMIGRATI ERANO GLI ITALIANI

3 **A** A partire, tuttavia, non erano solo braccianti. Gli strati più poveri della popolazione spesso non riuscivano a pagarsi il viaggio, per questo tra gli emigranti prevalevano i piccoli proprietari terrieri che con le loro rimesse compravano casa o terreno in patria.

4 **B** La maggior parte di loro, comunque, era diretta negli Stati Uniti e a New York, che erano le destinazioni più comuni, anche se non erano le uniche. I genovesi, ad esempio, ben prima del 1861 partirono per l'Argentina e l'Uruguay. E, proprio come gli immigrati di oggi, non iniziavano l'avventura con tutta la famiglia: quasi sempre l'emigrazione era programmata come temporanea e chi partiva era di solito un maschio solo.

5 **C** A fare eccezione furono solo le intere famiglie che emigrarono dal Veneto e dal Meridione verso il Brasile, specie dopo l'abolizione in quel Paese della schiavitù (1888) e l'annuncio di un vasto programma di colonizzazione.

2 **D** Intere cittadine del Sud, come Padula in provincia di Salerno, videro infatti la loro popolazione dimezzarsi nel decennio tra '800 e '900. Di questi quasi un terzo aveva come destinazione il Nord America, affamato di manodopera.

1 **E** Tra il 1861 e il 1985 dall'Italia sono partiti quasi 30 milioni di emigranti. Come se l'intera popolazione italiana di inizio Novecento se ne fosse andata in blocco. La maggioranza degli emigranti italiani, oltre 14 milioni, partì nei decenni successivi all'Unità d'Italia, durante la cosiddetta "grande emigrazione" (1876-1915). Provenivano da tutte le regioni della penisola, anche se la percentuale di meridionali era superiore a quelli dei settentrionali.

7 **F** Venivano considerati dagli americani "*una razza inferiore*" o una "*stirpe di assassini, anarchici e mafiosi*". E il presidente degli Stati Uniti, Richard Nixon, in una telefonata del 1973 fu il più chiaro di tutti. Disse: "*Non sono come noi. La differenza sta nell'odore diverso, nell'aspetto diverso, nel modo di agire diverso. Il guaio è che non si riesce a trovarne uno che sia onesto*".

6 **G** Se in Sud America, però, conquistarsi un posto nella nuova patria fu più facile, negli Stati Uniti era una faticaccia. I nostri connazionali preferivano così ghettizzarsi nei quartieri italiani e frequentare scuole parrocchiali, rallentando così la diffusione dell'inglese nelle comunità. Forse anche per questo motivo furono a lungo vittime di emarginazione e razzismo.

adattato da *www.focus.it*

16 Trasforma le frasi come nell'esempio. Vedi anche l'Approfondimento grammaticale a pag. 230 del Libro dello studente.

es. "Se non mi chiamerà, gli telefonerò io."
Sandra ha detto che se *non l'avesse chiamata, gli avrebbe telefonato lei*.

1. "Se effettui il pagamento in banca, fammelo sapere."
Ha detto che *se avessi effettuato il pagamento in banca, avrei dovuto farglielo sapere*.

2. "Se non avessi studiato tanto, non avrei passato questo esame."
Claudio ha detto che se *non avesse studiato tanto, non avrebbe passato quell'esame*.

3. "Chiudi tutte le finestre, se esci di casa per ultimo."
Fulvia mi ha detto di *chiudere tutte le finestre, se fossi uscito di casa per ultimo*.

4. "Se vado a Londra, ti porterò qualcosa in regalo."
Lo zio mi ha appena detto che se *andasse a Londra, mi porterebbe qualcosa in regalo*.

Quaderno degli esercizi — Unità 10

5. "Se mi lasciaste da solo, forse sarebbe meglio."
   Federico diceva che _se lo avessimo lasciato da solo, sarebbe stato meglio_.

6. "Se tu ne avessi voglia, potremmo andare a fare una passeggiata."
   Luisa mi ha detto che se _ne avessi avuto voglia, saremmo potute andare a fare una passeggiata_.

17 Completa l'intervista fatta a Mohamed, trasformando al discorso diretto le sue risposte a sinistra.

Attualmente gli immigrati presenti in Italia sono circa quattro milioni di persone. Leggiamo la testimonianza di Mohamed, un ragazzo egiziano che vive a Roma da tre anni.

Mohamed:

1. risponde che studiava Giurisprudenza all'università.
2. risponde che si vive bene, ma la vita è molto cara.
3. dice che conosceva una persona che gli aveva offerto lavoro in una pizzeria.
4. risponde che secondo lui, il motivo principale è perché si può trovare un lavoro.
5. dice di sì, qualcosa invia alla sua famiglia, ma poco.
6. risponde di no, le persone con cui passa il tempo sono le stesse che conosceva già prima di trasferirsi in Italia. Ha pochissimi amici italiani.
7. dice di sì, c'è stato qualcuno che ha avuto comportamenti poco amichevoli, di intolleranza, nei suoi confronti, ma non per quello pensa che gli italiani siano tutti razzisti.
8. dice di no, preferisce la compagnia di persone che, come lui, hanno lasciato l'Egitto per trasferirsi in Italia.
9. risponde che non crede di essersi integrato pienamente e che spesso deve fare i conti con la nostalgia di casa. Gli manca tanto la sua famiglia.
10. risponde che non ha progetti a lungo termine, ma se avesse la possibilità di scegliere, tornerebbe nel suo Paese.

1. - Cosa facevi in Egitto?
   Studiavo Giurisprudenza all'università.

2. - Come si vive in Egitto?
   Si vive bene, ma la vita è molto cara.

3. - Come mai hai scelto Roma per trasferirti?
   Perché conoscevo una persona che mi ha offerto lavoro in una pizzeria.

4. - Perché molti scelgono di emigrare in Italia?
   Secondo me, il motivo principale è perché si può trovare lavoro.

5. - Di quello che guadagni riesci a mandare qualche soldo a casa?
   Sì, qualcosa invio alla mia famiglia, ma poco.

6. - Hai fatto nuove amicizie in questi tre anni?
   No, le persone con cui passo il tempo sono le stesse che conoscevo già prima trasferirmi in Italia.

7. - Hai notato atteggiamenti razzisti, xenofobi nei tuoi confronti? Ti hanno mai insultato?
   Sì, c'è stato qualcuno che ha avuto comportamenti poco amichevoli, di intolleranza, nei miei confronti, ma non per questo penso che gli italiani siano tutti razzisti.

8. Quindi non è per questo motivo che non hai fatto nuove conoscenze?
   No, preferisco la compagnia di persone che, come me, hanno lasciato l'Egitto per trasferirsi in Italia.

9. Ti senti integrato in Italia?
   Non credo di essermi integrato pienamente e spesso devo fare i conti con la nostalgia di casa. Mi manca molto la mia famiglia.

10. Progetti per il futuro?
    Non ho progetti a lungo termine, ma se avessi la possibilità di scegliere, tornerei nel mio Paese.

adattato da chiarapalermo.blogspot.com

18 Collega con dei connettivi le frasi date e cerca di formarne una. Se necessario elimina o sostituisci alcune parole e trasforma i verbi nel modo e nel tempo opportuni.

1. Laura non riesce a trovare lavoro. | Laura ha deciso di trasferirsi a Milano. | A Milano ci sono più possibilità di trovare lavoro.
   Soluzione possibile: Laura non riesce a trovare lavoro, perciò ha deciso di trasferirsi a Milano, dove ci sono più possibilità di trovarne uno.

2. Biagio ha un contratto a tempo determinato. | Il contratto di Biagio scade il mese prossimo. | Biagio non sa se il contratto verrà rinnovato.
   Soluzione possibile: Nonostante Biagio abbia un contratto a tempo determinato che scade il mese prossimo, non sa ancora se gli verrà rinnovato.

3. Dario mi ha detto una cosa. | Dario ha conosciuto un'altra ragazza. | Dario credeva di amare Chiara. | Dario ha cambiato idea a causa di questa ragazza.
   Soluzione possibile: Dario mi ha detto che, anche se credeva di amare Chiara, ha conosciuto un'altra ragazza che gli ha fatto cambiare idea.

4. Quest'estate Sara ha pochi giorni di ferie. | Sara voleva andare in Australia in vacanza. | Sara alla fine resterà in Italia.
   Soluzione possibile: Sara sarebbe voluta andare in vacanza in Australia ma, poiché ha pochi giorni di ferie quest'estate, alla fine resterà in Italia.

19 Scegli l'alternativa corretta.

NEI PAESI DEL SUD IL PIÙ FORTE CALO DELLE NASCITE

Per mantenere un figlio servono soldi, ma per guadagnare soldi <u>bisogna</u> / c'è bisogno / necessario (1) avere un lavoro. Così, in un'Europa quando / che / <u>dove</u> (2) aumenta la disoccupazione, soprattutto tra i più giovani, nascano / <u>nascono</u> / si nasce (3) sempre meno bambini. Lo sostiene uno studio pubblicato dall'Istituto Demografico di Vienna la quale / <u>che</u> / a cui (4) evidenzia la stretta relazione tra l'inizio della crisi economica e il calo delle nascite nell'Ue.

Secondo i ricercatori austriaci, non sorprende che fossero stati / <u>siano</u> / erano (5) i Paesi europei del Sud a presentare maggiori problemi. Tra questi l'Italia con un tassì / tasto / <u>tasso</u> (6) di 1,40

Quaderno degli esercizi — Unità 10

figli per donna, rispetto a una media europea di 1,59, ma vicino <u>alle</u> / dalle / delle (7) percentuali di altri Paesi come Grecia (1,43), Spagna (1,36) e Portogallo (1,35).

Lo studio prende in esame un secondo dato: l'età delle mamme al momento della loro prima nascita / <u>gravidanza</u> / relazione (8). Negli ultimi anni sono diminuite le mamme under-25. Anche in questo caso a pesare sul numero delle nascite sono, secondo lo studio, le sicurezze / sfide / <u>incertezze</u> (9) economiche per i neo-genitori.

Negli ultimi anni anche i Paesi del Nord Europa hanno avuto un piccolo calo della natalità. Ma ci sono alle / per le / <u>delle</u> (10) eccezioni: Germania e Francia. La prima è rimasta stabile, la Francia, invece, ha visto aumentare le nascite, grazie a una generosa politica di <u>aiuti</u> / aiuta / aiutare (11) alle famiglie.

Per il futuro, l'Istituto di Vienna prevede che nel 2050 in Italia saremo 6 milioni di persone in più, ma quasi il 70% della popolazione sia / <u>sarà</u> / è stata (12) over-65, contro una media Ue comunque già alta, al 60%.

adattato da www.eunews.it

20 a Ascolta il brano, tratto da una trasmissione radiofonica dedicata al tema del lavoro, e abbina ogni parola alla definizione corretta.

1. stage *(c)*
2. precariato *(d)*
3. contratto *(a)*
4. mutuo *(b)*

a. accordo che pone delle regole, per esempio nel lavoro
b. prestito ottenuto da una banca per comprare una casa
c. periodo di formazione o perfezionamento professionale
d. condizione di un lavoratore che ha un lavoro non sicuro e senza garanzie

b Adesso leggi le affermazioni che seguono, ascolta di nuovo il brano e indica le cinque informazioni veramente presenti.

1. [X] Alessandro tornerà a vivere con i suoi genitori a Lecce.
2. [ ] I nuovi contratti danno una grande sicurezza economica ai giovani d'oggi.
3. [X] L'acquisto di una casa per chi ha contratti a tempo determinato diventa sempre più difficile.
4. [ ] Il precariato è un problema che riguarda solo i giovani sotto i 30 anni.
5. [ ] Valerio lavora, ormai da 5 anni, con un contratto di lavoro a tempo indeterminato.
6. [X] Valerio ha una famiglia da mantenere.
7. [X] Sabrina si accontenterebbe anche di un lavoro di pochi mesi.
8. [X] Sabrina si sente umiliata e presa in giro.
9. [ ] Alessandro lavora come responsabile di un museo d'arte moderna a Firenze.
10. [X] Con la scusa degli stage molte aziende utilizzano mano d'opera gratuita.

Lecce, Puglia

A Scegli l'alternativa corretta.

1. "Avrei tante cose da dire a proposito del viaggio in Australia."
   a. Ha detto che ha avuto tante cose da dire a proposito del viaggio in Australia.
   b. *(Ha detto che avrebbe tante cose da dire a proposito del viaggio in Australia.)*
   c. Ha detto che aveva avuto tante cose da dire a proposito del viaggio in Australia.

2. Ha detto che era una persona semplice e che cercava solo di vivere la sua vita nel miglior modo possibile.
   a. *("Sono una persona semplice e cerco solo di vivere la mia vita nel miglior modo possibile.")*
   b. "Sono una persona semplice e cerca solo di vivere la sua vita nel miglior modo possibile."
   c. "Ero una persona semplice e ho cercato solo di vivere la mia vita nel miglior modo possibile."

3. "Non ti fermare in questo Autogrill perché non si mangia bene."
   a. Mi ha detto di non fermarti in quest'Autogrill perché non si mangiava bene.
   b. Mi ha detto di non fermarci in quell'Autogrill perché non si mangia bene.
   c. *(Mi ha detto di non fermarmi in quell'Autogrill perché non si mangiava bene.)*

4. "Se mi fossi accorto di essere stato maleducato mi sarei certamente scusato."
   a. Ha detto che se si fosse accorto di essere maleducato si scuserebbe certamente.
   b. *(Ha detto che se si fosse accorto di essere stato maleducato si sarebbe certamente scusato.)*
   c. Ha detto che se mi accorgevo di essere stato maleducato mi sarei certamente scusato.

5. "Bambini, fate meno rumore: mamma sta riposando!"
   a. *(Ci ha chiesto di fare meno rumore perché mamma stava riposando.)*
   b. Ci chiese fate meno rumore poiché mamma sta riposando.
   c. Ci chiede di fare meno rumore perché mamma riposa.

6. "Se telefona il mio ragazzo, diteglí che sono andata a trovare mio zio."
   a. Ha detto che se telefona il suo ragazzo, diteglí che sono andata a trovare mio zio.
   b. Ha detto che se telefona il suo ragazzo, di dirgli che è andata a trovare suo zio.
   c. *(Ha detto che se avesse telefonato il suo ragazzo, di dirgli che sarebbe andata a trovare suo zio.)*

B Scegli il termine corretto e completa il testo.

Una laurea, un dottorato di ricerca e poi… una pasticceria! È questo il percorso di Roberta, 29 anni, che, dopo aver trascorso anni nell'università italiana, ha scelto di _dedicarsi_ (1) alla sua grande passione: le torte. «Il dottorato in Italia non aiuta a trovare lavoro. Avevo le _capacità_ (2) e avevo un sogno».

Va a Londra, ospite della sorella, alla quale confessa di essere rimasta affascinata dal sito della Little Venice Cake Company, la scuola di dolci che serve la Casa reale e tutti i vip britannici. Inizia a lavorare in una pasticceria londinese («Eravamo otto persone in un piccolo spazio, senza aria condizionata, niente tempo libero, ma tanto entusiasmo») _prima di_ (3) presentare il proprio curriculum e ricevere il primo no. «Sapevo che _sarebbe stato_ (4) difficile. Ma non potevo accettare così quel rifiuto». Così ha insistito e ha chiesto alla direttrice dei corsi se _avessero potuto_ (5) metterla in lista d'attesa. L'hanno richiamata lo stesso pomeriggio per una prova ed è stata accettata.

Test finale — Unità 10

Il resto della storia parla di un master ......**concluso**...... (6) con ottimi risultati, di un ritorno in Italia perché «nel mio Paese io ci sto bene», e di un'impresa personale che sta ......**ottenendo**...... (7) un grande successo. Il segreto? «Credere in ......**quello**...... (8) che faccio, e farlo bene; utilizzare sempre gli ingredienti migliori, e proporre un tipo di prodotto che prima non c'era»

adattato da www.*corriere*.it

1. a. dedicare (b) dedicarsi c. offrirsi d. darsi
2. (a) capacità b. domande c. risposte d. scuole
3. a. prima da b. prima che c. prima (d) prima di
4. a. è stato (b) sarebbe stato c. era stato d. fosse stato
5. a. avessero b. possono c. potessero (d) avessero potuto
6. a. chiuso (b) concluso c. fatto d. conquistato
7. (a) ottenendo b. realizzando c. facendo d. producendo
8. a. quale b. quanto c. tanto (d) quello

C Completa le frasi.

1. Gianni mi aveva chiesto se ..*b*.. (1) giusto secondo me dedicare così tanto tempo all' ..*a*.. (2) fisica.
   - (1) a. era
     - b. fosse
     - c. era stato
   - (2) a. attività
     - b. sport
     - c. attenzione

2. Visto che suo figlio ha un grave problema di ..*c*.. (1) dalla droga, Sandro pensava di ..*b*.. (2) a uno specialista.
   - (1) a. sostanza
     - b. uso
     - c. dipendenza
   - (2) a. andarsene
     - b. rivolgersi
     - c. contattare

3. Chiara ha detto che ..*a*.. (1) incontrato Stefano domenica ..*b*.. (2).
   - (1) a. avrebbe
     - b. aveva
     - c. abbia
   - (2) a. dopo
     - b. prossima
     - c. precedente

4. Le mafie non ..*b*.. (1) né i cittadini né le forze dell' ..*c*.. (2).
   - (1) a. hanno rispetto
     - b. rispettano
     - c. truffano
   - (2) a. avvocati
     - b. Polizia
     - c. ordine

5. Il problema della violenza ..*b*.. (1) genere è un fenomeno ancora molto ..*a*.. (2) in Italia.
   - (1) a. su
     - b. di
     - c. per
   - (2) a. diffuso
     - b. parlato
     - c. rifiutato

D Risolvi il cruciverba.

Orizzontali

1. Sentimento negativo verso chi è straniero.
4. La... "diminuzione" demografica.
6. Completa il proverbio: *Le bugie hanno le gambe ...*
7. Le ecomafie lo danneggiano.
9. Lo è chi ha abbandonato il proprio Paese per venire a lavorare in Italia.
10. L'autore di un furto.

Verticali

2. Sinonimo di *criminalità organizzata*.
3. Una persona che non ha lavoro.
5. Sono "in fuga" quelli dei giovani italiani.
8. Quella "di genere" indica che l'uomo e la donna hanno gli stessi diritti.
11. Sinonimo di *sostanza stupefacente*.

Risposte giuste: .... /35

Giochi

Che bello leggere!

Unità 11

Tutti gli esercizi sono disponibili in formato interattivo su www.i-d-e-e.it

Quaderno degli esercizi

1 Leggi il dialogo alle pagine 166-167 e fai l'abbinamento.

1. In che senso?
2. Ti facevo più... *(a)*
3. Meno male! *(b)*
4. Ho proprio un vuoto... *(e)*
5. mica io... *(f)*
6. Mannaggia! *(c)*

a. Credevo che tu fossi...
b. Per fortuna!
c. Accidenti!
d. Cioè?
e. Non mi ricordo assolutamente...
f. io non...

2 Metti in ordine le parole per formare le frasi. Inizia con la parola evidenziata.

1. studiando | del | gli esami | **solo** | tutti | passerai | semestre
   Solo studiando passerai tutti gli esami del semestre.
2. più sport | **Sonia** | facendo | è | e mangiando | meglio | dimagrita
   Sonia è dimagrita facendo più sport e mangiando meglio.
3. ogni giorno | miei sono | giornale, | i | **leggendo** | molto | il | informati
   Leggendo ogni giorno il giornale, i miei sono molto informati.
4. dimenticato | da molti | il pin | prelevando | del | **non** | ho | mesi, | bancomat
   Non prelevando da molti mesi, ho dimenticato il pin del bancomat.
5. del | entro le | lo sconto | prenotando | 24 | 40% | ottiene | di oggi | **si**
   Si ottiene lo sconto del 40% prenotando entro le 24 di oggi!
6. il suo | **Cesare** | la Gallia | le sue | potere | dimostrò | conquistando | capacità e
   Cesare dimostrò le sue capacità e il suo potere conquistando la Gallia.

3 Completa le frasi con il gerundio semplice.

1. *Studiando* (studiare) molto, sono riuscita a superare tutti gli esami del semestre!
2. *Dormendo* (dormire) meglio si è più produttivi al lavoro.
3. Non *potendo* (potere) uscire, stasera guarderò un bel film!
4. Mio zio, che faceva il sarto, ascoltava sempre la radio *lavorando* (lavorare)!
5. Non risolverai nulla *piangendo* (piangere).
6. *Tornando* (tornare) a casa, Marco ha incontrato Laura e Camilla e si è fermato a bere un caffè con loro.
7. *Passeggiando* (passeggiare) per il centro, ho apprezzato di più le bellezze della città!
8. *Parlando* (parlare) dei nostri gusti musicali, abbiamo scoperto di avere molto in comune.

4 Riscrivi le frasi in verde usando il gerundio semplice, come nell'esempio.

es. Poiché ho seguito le sue indicazioni, sono arrivato al lago più velocemente. → *Seguendo le sue indicazioni*, sono arrivato al lago più velocemente.

1. In quel negozio si possono trovare bei vestiti anche se si spende poco. → In quel negozio si possono trovare bei vestiti anche *spendendo poco*.

2. Poiché ottenni un prestito dalla banca, potei comprare casa. → *Ottenendo un prestito dalla banca*, potei comprare casa.

3. È uscita e ha sbattuto la porta. → È uscita *sbattendo la porta*.

4. Se bevi meno caffè forse ti passerà il mal di stomaco. → *Bevendo meno caffè* forse ti passerà il mal di stomaco.

5. Se posso scegliere, preferisco restare a casa. → *Potendo scegliere*, preferisco restare a casa.

6. Sono caduto mentre correvo al parco. → Sono caduto *correndo al parco*.

5 Trasforma le frasi usando il gerundio presente o passato, come nell'esempio.

es. Sapevo cosa era successo perché avevo letto il giornale.
Avendo letto il giornale, sapevo cosa era successo.

1. Poiché ha condotto trasmissioni di successo, Alberto Angela viene intervistato spesso.
Avendo condotto trasmissioni di successo, Alberto Angela viene intervistato spesso.

2. Siccome Samuele è a conoscenza dei fatti, dovremmo ascoltarlo con attenzione.
Essendo Samuele a conoscenza dei fatti, dovremmo ascoltarlo con attenzione.

3. Abbiamo venduto l'appartamento al mare e abbiamo potuto acquistare una casetta in montagna.
Vendendo l'appartamento al mare, abbiamo potuto acquistare una casetta in montagna.

4. Faccio il biglietto in anticipo, per questo trovo sempre tariffe convenienti.
Facendo il biglietto in anticipo, trovo sempre tariffe convenienti.

5. Se ricicliamo e non sprechiamo le risorse, potremo ridurre il nostro impatto ambientale.
Riciclando e non sprecando le risorse, potremo ridurre il nostro impatto ambientale.

6. Poiché ha la Luna in Gemelli, Marta è un po' negativa in questo periodo.
Avendo la Luna in Gemelli, Marta è un po' negativa in questo periodo.

6 Completa le frasi con il gerundio presente o passato dei verbi dati e i pronomi corretti, come nell'esempio. Vedi anche l'Approfondimento grammaticale a pagina 230 del Libro dello Studente.

parlare ◆ andarsene ◆ proporre ◆ trattarsi ◆ vivere ◆ conoscere ◆ riposarsi

es. *Parlandone*, hanno risolto il problema e ora sono più sereni.

1. *Conoscendolo* da un po' di tempo, sapevo che Carlo era una persona onesta.

2. Beh, *trattandosi* di un tuo amico, gli farò uno sconto!

Quaderno degli esercizi

3. *Andandomene* prima, evito il traffico.
4. *Essendomi riposato* durante il giorno, ho potuto guidare tutta la notte.
5. *Proponendole* di venire al concerto di Emma con te, sicuramente attirerai l'attenzione di Valeria.
6. Provo un grande affetto per Ferrara *essendoci/avendoci vissuto* tanti anni.

7 Completa il cruciverba con gli aggettivi che descrivono il carattere di una persona.

Orizzontali
2. Quando non si è sognatori per nulla!
4. Contrario di egoista.
7. Segue la logica, il cervello.
9. Chi si comporta in modo diverso.
11. Chi non tradisce.
12. Un po' artista.

Verticali
1. Lo è chi arriva in orario.
3. Chi si lascia guidare dall'amore.
5. Chi lascia che gli altri abbiano le loro opinioni e modi di vivere.
6. Il contrario di pessimista.
8. Chi si lascia andare al sogno e alla fantasia in amore.
10. Una persona che ha pazienza.

8 Completa il dialogo con le parole date.

testardo ◆ eccentrica ◆ impulsivo ◆ affidabili ◆ personalità
pianeti ◆ fattori ◆ originale ◆ indipendenti

Elisa: Senti qua... Giusy, la mia amica astrologa, ha postato la playlist dello zodiaco!
Matteo: E cioè?!
Elisa: Dice che, anche se è difficile generalizzare perché, oltre al segno, sulla *personalità* (1) influiscono molti altri *fattori* (2), come la posizione dei *pianeti* (3), le case eccetera, dice che ci sono generi e canzoni preferiti per ogni segno... Tipo: Ariete, segno *impulsivo* (4), che si getta nelle cose senza pensare troppo alle conseguenze... Rock!
Matteo: Ma sì... ma a chi non piace il rock?! Di me, per esempio, che sono Toro, cosa dice? Si sa che siamo persone molto *affidabili* (5), di noi ci si può fidare, siamo forti...
Elisa: A me sembra che più che forte, tu sia *testardo* (6), poco elastico! Comunque qui dice che, visto che siete "sensibili alla bellezza", vi piacciono molti generi, dal pop al rock, alla disco dance...
Matteo: Ma va... E di te? Che sei Acquario? Cosa dice?
Elisa: Allora... Acquario: fantasiosi, *indipendenti* (7), che non seguono il modo di pensare degli altri, amiamo le novità e le canzoni di impegno sociale! Verissimo! Guarda, cita proprio una delle mie canzoni preferite di De Andrè!
Matteo: Ah, sì? Ma che strano, chissà a chi pensava mentre scriveva questo post la tua amica astrologa... non certo a te, che più che *originale* (8), mi sembri *eccentrica* (9), anzi un po' matta!

9 Abbina i consigli, le istruzioni e gli ordini all'immagine corrispondente.

Quaderno degli esercizi — Unità 11

10 Fai l'abbinamento e completa le indicazioni.

1. La porta si apre verso l'esterno: *(c)*
2. Negli uffici pubblici è severamente *(d)*
3. Per informazioni sull'appartamento, *(a)*
4. Compilare e firmare il modulo *(e)*
5. Per ulteriori informazioni sul corso, *(f)*
6. Si prega la gentile clientela di *(b)*

a. contattare l'agenzia di Corso Ingrao.
b. non toccare la merce esposta.
c. spingere, prego.
d. vietato fumare.
e. mentre si aspetta il proprio turno.
f. rivolgersi alla segreteria.

11 Completa i mini dialoghi usando l'infinito presente o passato, come nell'esempio.

es. • Luca ieri è tornato alle tre del mattino.
   • Incredibile! *Tornare* così tardi il giorno prima di un esame!

1. • Dove è andata Maria?
   • Deve *essere andata* al supermercato.

2. • Hai capito tutto quello che ti ha detto l'insegnante?
   • Credo di *aver capito* solo la prima parte.

3. • Se devo essere sincero... il tuo vestito non mi piace molto!
   • A *essere* sincera, nemmeno la tua cravatta è molto bella!

4. • Il mio ballo preferito è il tango e da qualche mese prendo lezioni.
   • Davvero? Anche a me *ballare* piace tanto, ma non ho mai ballato il tango...

5. • Hai sentito del nuovo concorso per l'insegnamento?
   • Mi sembra di *aver sentito* qualcosa... le mie colleghe precarie comunque stanno già studiando da mesi!

6. • Davvero questo è stato il suo ultimo film?
   • Sì, dopo *aver vinto* il Leone d'oro, ha deciso di ritirarsi dalle scene.

12 Coniuga i verbi al gerundio presente o passato o all'infinito presente o passato.

Salento, Puglia

1. Prima di *partire* (partire) per la Grecia, mi fermerò qualche giorno in Salento a casa di amici.
2. L'ultimo film di Matteo Garrone è veramente da *vedere* (vedere)!
3. Mi sembra di non *aver letto* (leggere) questo libro, me lo puoi prestare? Te lo riporto la settimana prossima.
4. L'inquinamento sta *mettendo* (mettere) in pericolo il futuro del pianeta.
5. Dopo *aver pranzato* (pranzare) sono uscito a fare una passeggiata nonostante facesse freddo.
6. Non *avendo venduto* (vendere) molti dipinti quando era in vita, è morto povero e sconosciuto.
7. A parità di lavoro, *guadagnare* (guadagnare) meno solo perché si è donna è un'ingiustizia!
8. Se i governi non agiranno, i migranti continueranno a rischiare la vita per *arrivare* (arrivare) in Europa.

13 Completa la recensione del libro con le parole date.

*maturità • passione • autore • ritratto • protagonista • opera • famiglia
indimenticabile • faticosamente • adolescenza • vicende • avvincente*

__Autore__ (1): PAOLO COGNETTI
Titolo: SOFIA SI VESTE SEMPRE DI NERO
Editore: MINIMUM FAX

La __protagonista__ (2) del libro è una donna. L' __opera__ (3) non è un romanzo, ma lo sembra: sono dieci racconti autonomi che raccontano le __vicende__ (4) di Sofia: dall'infanzia in una __famiglia__ (5) apparentemente normale, ma percorsa da sotterranee tensioni, all' __adolescenza__ (6) tormentata da disturbi psicologici, alla liberatoria scoperta dell'amore e della __passione__ (7) per il teatro, al momento della __maturità__ (8) e dei bilanci.
È il __ritratto__ (9) di un personaggio femminile __indimenticabile__ (10): una donna inquieta, capace di trovare, __faticosamente__ (11), la propria strada. Un libro __avvincente__ (12) in cui ciascun lettore troverà momenti di bellezza e di dolore, di ansia e di riscatto, che riconoscerà di aver vissuto anche sulla sua stessa pelle.

14 Trasforma le frasi usando il participio presente, come nell'esempio.

es. Il buongustaio è uno che ama la buona cucina.
→ Il buongustaio è un __amante__ della buona cucina.

1. Quelli che manifestavano hanno gridato slogan contro il governo.
→ I __manifestanti__ hanno gridato slogan contro il governo.
2. Abbiamo chiesto informazioni a uno che passava.
→ Abbiamo chiesto informazioni a un __passante__.
3. Secondo me, i test con le parole che mancano sono un po' difficili.
→ Secondo me, i test con le parole __mancanti__ sono un po' difficili.
4. È una cosa che preoccupa veramente. → È una cosa veramente __preoccupante__.
5. Il film racconta una storia che emoziona. → Il film racconta una storia __emozionante__.
6. È una persona che affascina tutti. → È una persona molto __affascinante__.

Alberto Sordi

15 Completa le frasi con il participio presente dei verbi dati.

1. promettere — Gaia Girace è un'attrice __promettente__.
2. cantare — La nostra amica è una __cantante__ molto brava.
3. derivare — Sono tanti i problemi __derivanti__ da una cattiva alimentazione.
4. seguire — Completa le frasi con le __seguenti__ parole.
5. rappresentare — Paolo è il __rappresentante__ sindacale in azienda.
6. divertire — Gli spettacoli di Rezza sono sempre __divertenti__ e intelligenti!

Quaderno degli esercizi — Unità 11

16 Forma il participio passato dei verbi dati e completa le frasi.

*permettere • invitare • amare • scoprire
sorprendere • finire • riposarsi*

1. *Finita* la lezione, mi sono fermata a bere un caffè con Giulia.
2. Gli *invitati* sono andati via tardi.
3. Valeria è una persona *amata* da tutti per il suo carattere aperto e genuino.
4. *Riposatomi* un po' e mangiato un panino, ho potuto continuare il viaggio.
5. Il professore di Storia del liceo era *sorpreso* dei miei ottimi voti all'università.
6. Il mio capo mi ha concesso un *permesso* per andare alla riunione dei genitori.
7. Si dice che sia la *scoperta* scientifica più importante del secolo!

17 Scegli la forma verbale corretta.

1. Avere capito / <u>Avendo capito</u> / Capito bene la spiegazione del professore, non ho avuto problemi al compito di Fisica.
2. Luca è molto interessante / <u>interessato</u> / interessando alla matematica.
3. Terminando / <u>Terminati</u> / Essere terminati gli esami, siamo partiti insieme per un viaggio in Europa.
4. <u>Andando</u> / Essere andato / Essendo andato al lavoro, incontro spesso Marcello in autobus.
5. Grazie! I film che mi hai consigliato sembrano tutti molto <u>interessanti</u> / interessati / interessando!
6. Ti ho preso questo maglione <u>pensando</u> / avendo pensato / pensante a come ti sta bene il blu.

18 Trasforma con i suffissi -ino/a, -ello/a, -etto/a, -one/a, -accio/a.

1. Ho passato una magnifica settimana sulle rive di un piccolo lago di montagna.
   Ho passato una magnifica settimana sulle rive di un *laghetto* di montagna.
2. Sono nato in un piccolo paese della Calabria.
   Sono nato in un *paesino* della Calabria.
3. Ha preso un piccolo pezzo di torta.
   Ha preso un *pezzettino* di torta.
4. Per fortuna è finita! È stata proprio una brutta giornata!
   Per fortuna è finita! È stata proprio una *giornataccia*!
5. Ha comprato una grossa macchina per farsi notare da tutti.
   Ha comprato una *macchinona* per farsi notare da tutti.
6. Nel mio paese c'è una piccola piazza con una fontana del '500.
   Nel mio paese c'è una *piazzetta* con una fontana del '500.
7. Chi leggerà questo grosso libro?
   Chi leggerà questo *librone*?

Calabria

19 Completa la tabella, come negli esempi.

Nome	Diminutivo	Accrescitivo	Peggiorativo
1. casa	casetta	casona	casaccia
2. strada	stradina	stradona	stradaccia
3. ragazzo	ragazzino	ragazzone	ragazzaccio
4. libro	libretto	librone	libraccio
5. gatto	gattino	gattone	gattaccio
6. parola	parolina	parolona	parolaccia
7. borsa	borsetta	borsona	borsaccia
8. faccia	faccina	facciona	facciaccia

20 Completa le frasi con uno dei nomi alterati dell'esercizio 19.

1. A volte mio fratello non pensa alle conseguenze e si comporta come un *ragazzino* di quindici anni.
2. Il fine settimana scorso siamo andati in campagna da Gino: ha una bellissima *casetta* con giardino.
3. Lo leggerai in poche ore: è un *libretto* di poche pagine.
4. Il gatto di mia sorella è cresciuto in fretta, è diventato proprio un *gattone*!
5. È stata proprio una brutta giornata: mi hanno rubato la *borsetta* e ho anche perso l'aereo.
6. Hai visto che bello il nipote di Francesco? Ha una *faccina* così dolce!

21 In ogni gruppo, sottolinea la parola che non è un nome alterato.

1. mammina	stradina	<u>regina</u>	gattina
2. uccellino	<u>bambino</u>	ragazzino	vestitino
3. ragazzone	<u>azione</u>	macchinone	tavolone
4. manina	tavolino	quadernino	<u>magazzino</u>
5. <u>giardino</u>	orologino	sorrisino	dentino
6. <u>fazzoletto</u>	casetta	libretto	foglietto

Quaderno degli esercizi

22 Completa il testo con le parole date.

> fenomeno • bisogno • previsioni • tecnologia
> propositi • futuro • profezia • interessato • influenzare • occhiata

L'ANNO NUOVO È FATTO DI BUONI _propositi_ (1) **E... OROSCOPO!**

Ogni anno, a dicembre, sono davvero pochi gli italiani che riescono a resistere a riviste e quotidiani con le _previsioni_ (2) segno per segno dell'anno che verrà! Anche chi normalmente non è _interessato_ (3), in questo periodo dà un' _occhiata_ (4): 9 italiani su 10, infatti, consultano l'oroscopo e il 3% di questi si farà _influenzare_ (5)! Parola dello psichiatra Tonino Cantelmi: "Siamo tutti influenzabili, anche nell'era della _tecnologia_ (6). L'oroscopo risponde all'unico _bisogno_ (7) che la scienza non ha ancora soddisfatto: controllare il _futuro_ (8)!"

Torre dell'orologio, Padova

"Un consiglio per l'anno nuovo? – suggerisce lo psichiatra – Non leggete l'oroscopo! C'è un _fenomeno_ in psicologia, che si chiama "_profezia_ (9) che si auto-avvera": se leggiamo una cosa, ci lasciamo influenzare e alla fine, senza accorgercene, la facciamo diventare realtà!"

23 Completa le frasi con il verbo tra parentesi al modo indefinito opportuno.

1. _Finendo_ (finire) di lavorare presto, Laura riesce a portare i bambini al parco.
2. _Letto_ (leggere) il libro, Antonio si è subito messo a scrivere una recensione.
3. Anna, lo sapevi che _andare_ (andare) in bicicletta a Venezia è consentito solo fino agli 8 anni?
4. Pur _avendo studiato_ (studiare) al Nord, Sonia non ha mai perso il suo accento napoletano.
5. _Essendo nato_ (nascere) sotto il segno dei Gemelli, il nostro capo ogni tanto fa un po' confusione.
6. Elena e il suo _convivente_ (convivere) non vanno sempre d'accordo, ma sono fatti l'uno per l'altra.
7. Silvana ha sposato Ernesto dopo _aver divorziato_ (divorziare) da Alessio.
8. _Andarmene_ (andarsene) non è mai stata una mia intenzione, ma ultimamente ci penso spesso.

24 Ascolterai un estratto da una trasmissione televisiva. Sentirai quattro voci: il conduttore, l'intervistato (Carofiglio) e due ospiti. Ascolta il testo e indica quali affermazioni sono vere (V) e quali sono false (F).

	V	F
1. L'intervistato è già stato ospite della trasmissione in passato.	X	
2. Secondo Carofiglio, tutti i settori del mercato editoriale sono in crescita.		X
3. *L'estate fredda*, l'ultimo libro dell'autore, sarà in libreria dal 18 maggio.		X
4. Carofiglio ha trasformato in audiolibri anche altri suoi romanzi.	X	
5. Tra gli ascoltatori di audiolibri ci sono portatori di handicap.	X	
6. L'ascolto di audiolibri è sconsigliato alla guida.		X
7. L'autore sostiene che l'audiolibro deve essere recitato da bravi attori.		X
8. Il conduttore ha ascoltato *I promessi sposi* al mare.	X	
9. Entrambi gli ospiti amano ascoltare audiolibri.		X

nuovissimo PROGETTO italiano 2

A Scegli l'alternativa corretta.

1. Ti hanno già presentato Stefano? È un ragazzo veramente ..c.. (1)! ..b.. (2), sono sicuro che ti piacerebbe.
   - (1) a. interessato
     - b. interessando
     - c. interessante
   - (2) a. Conoscerti
     - b. Conoscendoti
     - c. Avendoti conosciuto

2. ..b.. (1) anche l'angolo fumetti, la libreria ..a.. (2) da poco nel nostro quartiere è piaciuta in modo particolare ai giovani.
   - (1) a. Aver avuto
     - b. Avendo
     - c. Avente
   - (2) a. aperta
     - b. aprendo
     - c. aprente

3. Il corriere ha lasciato un ..b.. (1) per te. L'ho lasciato sul ..a.. (2) del salotto.
   - (1) a. pachino
     - b. pacchetto
     - c. pacchello
   - (2) a. tavolino
     - b. tavolinaccio
     - c. tavolonetto

4. ..b.. (1) tanto per il mondo, mio nonno conosceva tantissime ..a.. (2) curiose.
   - (1) a. Viaggiato
     - b. Avendo viaggiato
     - c. Aver viaggiato
   - (2) a. storielle
     - b. storiellette
     - c. storiucce

5. A chi non piace ..a.. (1) in poltrona a ..b.. (2) un bel libro?
   - (1) a. stare seduto
     - b. stando seduto
     - c. sedendosi
   - (2) a. essere letto
     - b. leggere
     - c. leggendo

6. ..c.. (1) è stato molto bello e mi dispiace che tu te ne vada... Per ricordarti di me quando sarai lontana, ti ho portato un ..a.. (2).
   - (1) a. Avendoti conosciuta
     - b. Conosciuta
     - c. Averti conosciuta
   - (2) a. regalino
     - b. regalaccio
     - c. regalato

B Abbina le due colonne e completa le frasi.

1. Non conoscendo la città, (d)
2. Camminare un'ora al giorno (e)
3. Mario organizza sempre (a)
4. È stato sempre il suo sogno (f)
5. Essendo scaduto il contratto (b)
6. Avvisarono con un'email (c)

a. feste molto divertenti.
b. non avevo più nessun obbligo.
c. tutti i partecipanti al corso.
d. ci perdemmo subito.
e. è un ottimo esercizio.
f. comprarsi una casetta al mare.

Test finale – Unità 11

C Risolvi il cruciverba.

```
        1 D
   2 M O R A N T E
        F
        I                4
        L                R              5
   3 G I A L L O         O              C
        P                M              O
        P     7          A              R
   6 P R O T A G O N I S T A            G
           L             I              G
           B             8 C A L V I N O
           E        9 T R A M A         O
     10 P     E
        A     L
        S     L
   11 O R O S C O P O
        S
        A
        N
        T
   12 Q U A D E R N O N E
```

Orizzontali

2. L'autrice che ha scritto *La Storia*.
3. Il colore del romanzo poliziesco.
6. Il personaggio principale.
8. Lo scrittore di *Gli amori difficili*.
9. La storia di un romanzo.
11. Previsioni che riguardano i vari segni zodiacali.
12. Un grande quaderno.

Verticali

1. Tre fratelli del teatro italiano.
4. Lo diciamo di una persona sentimentale, poetica, sognatrice.
5. Se si ha, non si ha paura.
7. Un piccolo albero.
10. Gli chiediamo le indicazioni (participio di *passare*).

Risposte giuste: ..../30

Giochi

Unità 10 e 11 — 4° test di ricapitolazione

Quaderno degli esercizi

A Trasforma le frasi dal discorso diretto al discorso indiretto.

1. *Ha chiesto*: "Stasera sei libera? Vuoi venire al cinema con me?"
   Mi ha chiesto _se fossi libera quella sera e se volessi andare al cinema con lui/lei_.

2. *Francesco disse*: "Questo quadro non è niente di speciale; anch'io sarei capace di farne uno uguale!"
   Francesco disse che _quel quadro non era niente di speciale e che sarebbe stato capace anche lui di farne uno uguale_.

3. *Stefano mi consigliò*: "Cerca di mettere da parte qualche euro, altrimenti resterai senza soldi prima della fine del mese."
   Stefano mi consigliò di _mettere da parte qualche euro, altrimenti sarei restato senza soldi prima della fine del mese_.

4. *Sabrina ha ricevuto questo messaggio dal suo fidanzato*: "Sono andato io al supermercato a fare la spesa, quindi non c'è bisogno che vada tu dopo il lavoro."
   Il messaggio inviato a Sabrina dal suo fidanzato diceva che _era già andato lui al supermercato a fare la spesa e che quindi non c'era bisogno che andasse lei dopo il lavoro_.

5. *Ha detto*: "Sono molto contento perché tra un mese andrò in vacanza alle Maldive!"
   Affermò che _era molto contento perché il mese dopo sarebbe andato in vacanza alle Maldive!_

6. *Stefania disse*: "Temo che Chiara non stia bene, la vedo molto stressata in questo periodo."
   Stefania mi confessò che _temeva che Chiara non stesse bene e che la vedeva molto stressata in quel periodo_.

7. *Gianni ha detto*: "Se finissi il lavoro in tempo oggi, potrei venire anche io alla festa di Luca."
   Gianni ha detto che _se avesse finito il lavoro in tempo quel giorno, sarebbe potuto andare anche lui alla festa di Luca_.

8. *Beatrice disse*: "Secondo me, se Antonio non usa la macchina, sarà costretto a venderla".
   Beatrice disse che _secondo lei, se Antonio non avesse usato la macchina, sarebbe stato costretto a venderla_.

/8

B Trasforma le frasi mettendo al modo e al tempo giusti le parti in verde.

1. *Mentre tornavo* a casa, mi ha chiamato sul cellulare Aldo.
   Tornando a casa, mi ha chiamato sul cellulare Aldo.

2. *Poiché avevo lavorato* molto, me ne sono andato in vacanza per due settimane.
   Avendo lavorato molto, me ne sono andato in vacanza per due settimane.

3. *Poiché ne avevamo parlato* a lungo, riconoscemmo subito il suo amico spagnolo.
   Avendone parlato a lungo, riconoscemmo subito il suo amico spagnolo.

4. Mentre venivo, mi sono ricordato di aver lasciato la luce del bagno accesa.
   Venendo, mi sono ricordato di aver lasciato la luce del bagno accesa.

5. Poiché avevano già visto quello spettacolo teatrale, non vennero con noi.
   Avendo già visto quello spettacolo teatrale, non vennero con noi.

6. Mi sono fatto male mentre sciavo.
   Mi sono fatto male _sciando_.

7. Solo se si studia seriamente si superano gli esami!
   Solo _studiando_ seriamente si superano gli esami!

8. Poiché avevo letto il libro, sapevo come finiva il film.
   Avendo letto il libro, sapevo come finiva il film.

......./8

C Trasforma le seguenti frasi in base al significato, usando l'infinito e il participio.

1. Dopo che siamo arrivati in albergo, abbiamo fatto una doccia e siamo andati a ballare.
   Dopo _essere arrivati_ in albergo, abbiamo fatto una doccia e siamo andati a ballare.
   Arrivati in albergo, abbiamo fatto una doccia e siamo andati a ballare.

2. Dopo che avevo accompagnato i miei all'aeroporto, sono passato a prendere Chiara.
   Dopo _aver accompagnato_ i miei all'aeroporto, sono passato a prendere Chiara.
   Accompagnati i miei all'aeroporto, sono passato a prendere Chiara.

3. Dopo che abbiamo mangiato la torta, abbiamo capito che non era tanto fresca.
   Dopo _aver mangiato_ la torta, abbiamo capito che non era tanto fresca.
   Mangiata la torta, abbiamo capito che non era tanto fresca.

4. Dopo che avevano passato il fine settimana nella casa al mare, sono tornati a Napoli il lunedì mattina.
   Dopo _aver passato_ il fine settimana nella casa al mare, sono tornati a Napoli il lunedì mattina.
   Passato il fine settimana nella casa al mare, sono tornati a Napoli il lunedì mattina.

......./8

D Trasforma, in base al significato, i sostantivi in verde.

1. Vive in una casa enorme: vive in una _casona_.
2. Il mare è bellissimo, facciamo un bagno veloce: facciamoci un _bagnetto_!
3. Rosa portava un piccolo cappello: Rosa portava un _cappellino_.
4. Lui ha veramente un brutto carattere: lui ha un _caratteraccio_.
5. Questo non è un paese molto grande: è un _paesino_.
6. È stato un grande successo: è stato un _successone_.

......./6

Risposte giuste: ..../30

Test generale finale

Quaderno degli esercizi

A Collega le frasi con le opportune forme di collegamento. Se necessario, elimina o sostituisci alcune parole. Trasforma, dove necessario, i verbi nel modo e nel tempo opportuni.

1. ho comprato un tavolino online | il tavolino aveva un problema | ho scritto una email al servizio clienti | mi hanno inviato un altro tavolino
   Siccome il tavolino che avevo comprato online aveva un problema, ho scritto una email al servizio clienti e loro mi hanno inviato un altro tavolino.

2. avevo la febbre alta | sono rimasto in ufficio a lavorare | dovevo consegnare il lavoro in giornata
   Nonostante avessi la febbre alta, sono rimasto in ufficio a lavorare perché dovevo consegnare il lavoro in giornata.

3. ai tempi dell'università abitavo in un appartamento | nell'appartamento vivevano due ragazzi stranieri, Carlos e Annika | Carlos era spagnolo e Annika era svedese
   Quando andavo all'università, abitavo in un appartamento insieme a due ragazzi stranieri: il ragazzo era spagnolo e si chiamava Carlos, la ragazza invece era svedese e si chiamava Annika.

4. Alberto vuole andare in vacanza | Alberto non ha abbastanza soldi per andare in vacanza | Alberto decide di trovare un secondo lavoro
   Alberto ha deciso di trovare un secondo lavoro, perché vorrebbe andare in vacanza ma non ha abbastanza soldi per andarci.

5. non siamo sicuri di andare a Parigi | alla fine decidiamo di partire | tutte le camere sono prenotate | abbiamo prenotato una camera carissima
   Non eravamo sicuri di voler andare a Parigi e, quando abbiamo deciso di partire, tutte le camere erano già prenotate, per questo abbiamo dovuto prenotare una camera carissima.

6. Claudia ha regalato un libro a Eugenio | a Eugenio il libro è piaciuto moltissimo | ha letto tutto il libro in un giorno solo
   A Eugenio è piaciuto così tanto il libro che gli ha regalato Claudia che l'ha letto tutto in un giorno solo.

/6

B Completa i due testi, inserendo una parola in ogni spazio.

1 Gli italiani fanno scarsa attività fisica, mangiano poca frutta e verdura e 4 _su_ (1) 10 sono in lotta con la bilancia, soprattutto andando avanti con l'età. Tanto che, tra gli over 65 i problemi di peso riguardano quasi 6 persone su 10. Per _quanto_ (2) riguarda la fascia di età 18-69 anni, il 40% è in eccesso di peso e appena uno su 10 consuma la quantità di frutta e verdura raccomandata dalle linee guida per una _corretta_ (3) alimentazione, ovvero 5 porzioni al giorno. Quanto all'alcol, tra gli adulti uno su 6 ne consuma troppo. Ancora alto, inoltre, il numero di fumatori: un adulto su 4 _non_ (4) rinuncia alle sigarette. Percentuale che scende andando avanti con l'età e si riduce al 10% tra gli over 65.

2 Una senzatetto di 65 anni che viveva sui marciapiedi di un quartiere di Parigi da 25 anni nascondeva 40mila euro nelle _sue_ (5) cinque valigie. A scoprirlo è stata la squadra di assistenza ai senzatetto quando è intervenuta per _portare_ (6) la donna nel centro di accoglienza dei clochard. Gli agenti hanno consegnato il bottino al commissariato di zona. Era _davvero_ (7) appropriato il soprannome "La principessa" che gli abitanti del quartiere _le_ (8) avevano dato ironicamente per il trucco marcato.

/8

C Abbina le frasi sotto all'oroscopo corrispondente.

A GEMELLI

Lei
- amore ♥: Fine settimana turbato dalla Luna nei Pesci: è meglio evitare discussioni con il partner.
- lavoro 💼: La buona notizia che aspetti potrebbe tardare ancora, ma arriverà di sicuro entro la fine del mese.
- salute 〜: Forma al massimo.

Lui
- amore ♥: La voglia di sentirti libero da qualsiasi impegno familiare non piacerà certo alla partner: pensaci prima di prendere decisioni affrettate.
- lavoro 💼: Chi è del 10 giugno e dintorni raggiungerà un importante traguardo.
- salute 〜: Almeno a tavola cerca di rilassarti.

B CANCRO

Lei
- amore ♥: Una nuova amicizia ti farà stare bene. E c'è chi farà una conquista.
- lavoro 💼: Con Marte che arriva in Ariete dovrai sforzarti di essere più tollerante se vuoi che tutto vada bene.
- salute 〜: Non accettare passaggi da chi alla guida non è molto attento.

Lui
- amore ♥: Chi è di giugno si guardi dal pretendere troppo dalla partner.
- lavoro 💼: La vita comoda piace molto ai nati del tuo segno, ma se vuoi il successo dovrai guadagnartelo.
- salute 〜: Prudenza negli spostamenti domenica e lunedì.

1. Non voglio andare in vacanza con i suoceri, ma meglio se ne parliamo la settimana prossima. — **A**
2. Oggi mi sento in grandissima forma. — **A**
3. Questo problema lo discuterò con Vittorio un altro giorno. — **A**
4. Enrico mi ha chiesto di uscire! — **B**
5. I risultati del concorso usciranno solo il 29. Speriamo bene… — **A**
6. No, io in macchina e con Gabriele al volante non viaggio. — **B**
7. Se vuoi un ambiente più sereno in ufficio, tratta meglio i tuoi dipendenti! — **B**
8. Non si fa carriera solo perché si conosce il presidente dell'azienda. — **B**

/8

D Leggi l'articolo e scegli l'alternativa corretta.

I bambini e il web

Il web aiuta davvero i bambini? La risposta è: dipende da come e quando lo usano. Ma la prima domanda da farsi è un'altra: noi quanto siamo attenti all'utilizzo di internet che fanno i nostri figli e nipoti?
A differenza della TV dove il controllo sui contenuti inadatti ai minori è più rigido ma comunque facile da aggirare, in rete i pericoli sono maggiori. Violenza, pornografia, furto di identità, sono soltanto alcuni dei rischi che i piccoli naviganti possono incontrare nel web. Il cyberbullismo è uno dei fenomeni più frequenti tra gli studenti della scuola dell'obbligo e lo smartphone è diventato in molti casi un'arma psicologica. Secondo i dati dell'ultimo Rapporto Censis, per esempio, il 52,7 per cento degli studenti tra 11 e 17 anni nel corso dell'ultimo anno scolastico ha subito comportamenti offensivi, non riguardosi o violenti da parte dei coetanei. La percentuale sale al 55,6 per cento tra le femmine e al 53,3 per cento tra i ragazzi più giovani (11-13 anni).
I casi sono numerosi e in crescita. Tuttavia, genitori e ragazzi possono combattere insieme questa tendenza. Quindi, anziché allarmarsi è necessario esserne consapevoli e prestare attenzione all'utilizzo che i figli fanno di cellulari, tablet e social network. Per tanti giovanissimi, ad esempio, il primo approccio con il web avviene proprio attraverso gli smartphone dei genitori, troppo poco attenti all'utilizzo della rete da parte dei figli, anche in età pre-adolescenziale.
Sempre secondo i dati della ricerca, fin dagli 11 anni, gli adolescenti tendono a scattarsi dei selfie in pose provocanti e questo li espone ancora di più a situazioni che possono provocare conseguenze drammatiche. Per fortuna, oggi esiste una tutela in più con la Legge 29 maggio 2017 n. 71 secondo cui "un minore di almeno 14 anni può chiedere, senza l'intervento di un adulto, di oscurare, rimuovere o bloccare i contenuti diffusi in rete al gestore del sito web o ai social network. Se il contenuto non viene cancellato entro 24 ore, egli può ricorrere al Garante della privacy".

1. L'articolo parla
   a. dei pericoli della rete per i minori
   b. della socializzazione online
   c. del rapporto tra TV e web

2. La ricerca citata dimostra che
   a. il cyberbullismo è un fenomeno strettamente scolastico
   b. più della metà degli studenti ha subito cyberbullismo
   c. il fenomeno interessa solo le ragazze tra gli 11 e i 17 anni

3. Secondo l'articolo, il cyberbullismo sarebbe in parte causato
   a. da insegnanti poco competenti
   b. da genitori talvolta superficiali
   c. dalla mancanza di filtri adeguati

4. Il fenomeno sarebbe arginabile
   a. controllando i social network dei minori di 14 anni
   b. richiedendo una legge speciale al Governo
   c. facendo attenzione all'utilizzo della rete da parte dei minori

5. La Legge 29 maggio 2017 n. 71 decreta che i minori di almeno 14 anni
   a. non possono scattarsi selfie in pose provocanti e drammatiche
   b. devono nominare un garante della loro privacy oltre ai genitori
   c. possono richiedere di bloccare la diffusione di contenuti in autonomia

.........../5

E Abbina le informazioni al testo corrispondente.

Testo A

Chi può metta, chi non può prenda. Non tutti sanno che a coniare questo motto all'inizio del Novecento fu Giuseppe Moscati, medico napoletano poi diventato santo, che usava riscuotere il suo onorario per le visite a casa solo da chi poteva permettersi di pagare. Oggi la frase accomuna le iniziative solidali nate spontaneamente in molte città d'Italia per far fronte a un momento di grande difficoltà per tutti, ma soprattutto per tutte quelle persone che non possono più contare sul proprio lavoro e spesso non riescono neppure a sfamarsi. Il numero delle famiglie indigenti, in Italia, è in continuo aumento: il governo ha cercato di portare sollievo stanziando 400 milioni di euro in buoni spesa, ma è chiaro che non tutti potranno usufruire dell'aiuto. E il motto di Giuseppe Moscati torna a essere attuale.

Tanto più che proprio da Napoli è partito quello che oggi potremmo definire un "movimento" nazionale. Nel capoluogo partenopeo l'idea del *panaro* (il cesto) solidale è stata promossa in prima battuta nel quartiere limitrofo alla Chiesa di Santa Chiara, per iniziativa di una coppia che calando un panaro pieno di cibo cucinato dal balcone ha pensato di sfamare così i senzatetto della zona. Sono bastati pochi giorni perché i panari solidali – variamente riempiti di piatti pronti o generi alimentari di prima necessità – si moltiplicassero in città. E l'eco dell'iniziativa è rimbalzata nel mondo, ripresa tra l'altro da una superstar come Madonna, che ha rilanciato un video del panaro commentando "God bless you Italy".

adattato da *www.gamberorosso.com*

Testo B

Chi può metta, chi non può prenda. Enzo Di Nocera, lo ha scritto sul *panaro* pieno di libri che ha sistemato davanti alla sua storica bancarella-libreria di via Luca Giordano al Vomero. "Ne regaliamo circa venticinque al giorno", dice Di Nocera, 52 anni, libraio da 44. "Ho iniziato da bambino quando rimasi affascinato dalla vetrina di una libreria nel centro storico vicino alla tipografia di mio nonno - racconta - e, appunto, iniziai da bimbo a lavoricchiare lì e da allora non ho mai smesso di occuparmi di libri, salvo per i periodi durante i quali sono andato in giro per il mondo. L'idea della bancarella mi venne da un racconto sulle storiche *bouquinistes* di Parigi. Ci sono stato più volte e nel 1979 sono stato uno dei primi ad aprire in via Luca Giordano. Oggi, purtroppo, anche le *bouquinistes* a Parigi sono costrette a vendere calamite, stampe e statuine per riuscire a tirare avanti". "Conosco bene chi vive di lettura, chi campa con pane e libri. E poterli aiutare in un momento difficile mi rende felice" continua il commerciante. L'iniziativa del cesto della cultura piace, sono in tanti a fermarsi, a guardare quell'insolito *panaro* che trabocca di volumi, a prenderne uno o, qualche volta, a lasciare a loro volta i libri per i più bisognosi.

Certo va messa in conto anche qualche amarezza. "C'è chi ci marcia, chi non ne avrebbe bisogno ma si porta via dei libri senza pagarli - spiega il commerciante - spero però che almeno li facciano circolare e che prima o poi arrivino nelle case di chi non ha i soldi per acquistarli".

adattato da *www.repubblica.it*

1. Il motto è stato inventato a Napoli all'inizio del secolo scorso. **A** B
2. La cultura è preziosa e indispensabile quanto il cibo. A **B**
3. L'iniziativa si è estesa a tutta Italia. **A** B
4. Il negozio è stato uno dei primi ad aprire nella zona. A **B**
5. Per riuscire a sopravvivere i negozi devono vendere souvenir. A **B**
6. Sono stati stanziati degli aiuti governativi per aiutare gli indigenti. **A** B
7. C'è chi approfitta dell'iniziativa anche se non ne ha bisogno. A **B**
8. È un momento molto difficile, c'è disoccupazione. **A** B
9. Il primo "panaro" voleva aiutare i senzatetto del quartiere. **A** B
10. L'iniziativa ha ricevuto attenzioni internazionali. **A** B

...... /10

F Completa il testo, inserendo una parola in ogni spazio.

Firmino salì in camera sua. Fece una doccia, si rase, indossò un *paio* (1) di pantaloni di cotone e una Lacoste rossa che gli aveva *regalato* (2) la sua fidanzata. Prese velocemente un caffè e uscì per strada. Era domenica, la città era quasi deserta. La gente dormiva ancora, e più tardi *sarebbe* (3) andata al mare. Gli venne voglia di andarci anche lui, anche se non aveva il costume *da* (4) bagno, solo per prendere una boccata d'aria buona. Poi ci rinunciò. Aveva la sua *guida* (5) turistica con sé e pensò di andare alla scoperta della città, per esempio i mercati, le zone popolari che non *conosceva* (6). Scendendo per le viuzze ripide della città bassa cominciò a trovare un'animazione che non sospettava. Veramente Oporto manteneva delle tradizioni che Lisbona aveva ormai perduto...

tratto da *La testa perduta di Damasceno Monteiro* di Antonio Tabucchi

...... /6

G Immagina di lavorare nella redazione di un giornale e di dover rispondere alla domanda di queste lettrici, dandogli alcuni consigli (100-120 parole).

Mamma preferisce restare in città

Ogni anno si ripresenta il solito problema: le vacanze della mamma. Io e mia sorella siamo sposate e viviamo in città diverse dalla sua: lei benché anziana, se la cava ancora bene da sola, circondata da cani, gatti e fiori. Però l'afa la fa soffrire. E proprio a causa dei suoi "protetti" se la sorbisce tutta, perché non può allontanarsi da casa. Io e mia sorella avevamo trovato mille soluzioni, nessuna accettabile per lei. E così ci rimane solo il dispiacere di saperla morire di caldo.
Come calmare i nostri turbamenti?

Anna e Vittoria, Bologna

...... /12

Risposte giuste: ...... /55

Istruzioni dei giochi

Gioco Unità 0-5, Scale e serpenti, pagina 152

Giocate in 2 o in 2 piccoli gruppi. Inizia per primo il giocatore o il gruppo che lancia il dado e ottiene il numero più alto. A turno, tirate il dado e svolgete il compito proposto.

Se la risposta non è giusta, tornate indietro di due caselle. Dopo, il turno passa all'altro giocatore/gruppo. Se arrivate su una casella dove c'è l'altro giocatore/gruppo, andate a quella successiva.

Attenzione: se trovate una 🪜, salite; se trovate un 🐍, scendete!

Vince chi arriva per primo all'Arrivo, dopo la casella 36!

Gioco Unità 0-11, Gioco dell'oca, pagina 154

Giocate in 3 o in 3 piccoli gruppi. Inizia per primo il giocatore che lancia il dado e ottiene il numero più alto.

A turno, tirate il dado e svolgete il compito proposto.

Se la risposta non è giusta, tornate indietro di due caselle. Dopo, il turno passa al giocatore successivo.

Vince chi arriva per primo all'Arrivo, dopo la casella 37!

Attenzione alle caselle colorate: se trovate una casella verde, tirate di nuovo il dado; se trovate una casella rossa, tornate indietro di 2, 3 o 4 caselle, in base al numero indicato.

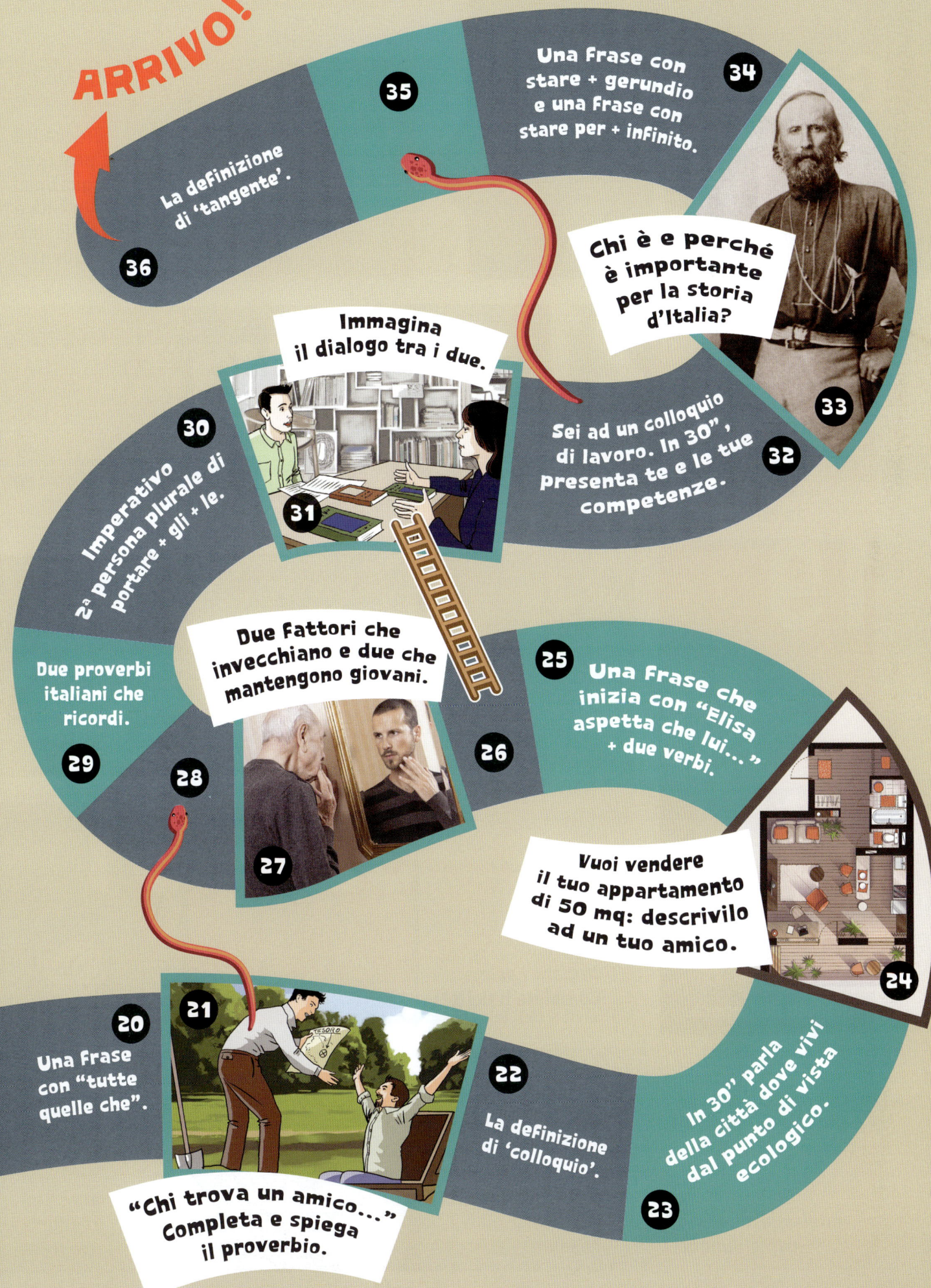

Gioco unità 1-11

1. Definizione di *utilitaria*.

2. Elenca tre problemi ecologici tipici delle città e spiega le loro conseguenze.

20. Convinci un compagno a fare un viaggio in Italia con te.

21.

22.  Nomina due rimedi alla dipendenza da social network.

23. Due frasi con *ne* e due frasi con *ci*.

19.  -2

34.

35. Una frase con *non me ne importa*.

36. Il nome di tre organizzazioni mafiose italiane.

18.  Il titolo dell'opera.

33. Da' + ci + ne

32. -4

31.

17. Due frasi con *qualsiasi*, due frasi con *chiunque*!

16. Vuoi comprare una casa nuova: cosa deve avere?

15.  Un imperatore romano e due monumenti dell'antica Roma.

14. *Pare che...* continua la frase!

33. *Impara l'arte e...* Completa il detto!

3	4	5	6
Cosa non avresti mai creduto? Rispondi.	I tuoi amici ti dicono che hai superato l'esame d'ammissione all'università. Rispondi in modo sorpreso. 	Una frase con *magari* e una con *come se*.	Il titolo di almeno due famose opere liriche italiane.

24	25	26	7
Inventa il tuo oroscopo di oggi.	−3	Lei mi disse: "Domani Paolo tornerà a casa." Trasforma al discorso indiretto.	−2

23		27	8
Rimanere al congiuntivo presente.	ARRIVO!	Una frase con il periodo ipotetico del 3° tipo.	Elenca cinque servizi alberghieri che ricordi.

22	29	28	9
Fai le alterazioni di *trucco*, *macchina* e *fuoco*.	Immagina il dialogo tra i due. 	Parla di un libro che hai letto.	Tre parole relative alla banca.

13	12	11	10
3 −3	Una frase passiva con il verbo *attivare*.		Dai indicazioni stradali a un/una signore/a, usando la forma di cortesia.

Indice

Unità	Pagina
Prima di... cominciare	5
Unità 1 *Esami... niente stress!*	9
Unità 2 *Soldi e lavoro*	20
Unità 3 *In viaggio per l'Italia*	32
1° test di ricapitolazione	44
Unità 4 *Un po' di storia*	46
Unità 5 *Stare bene*	57
Unità 6 *Andiamo all'opera*	70
2° test di ricapitolazione	80
Unità 7 *Andiamo a vivere in campagna*	82
Unità 8 *Tempo libero e tecnologia*	92
Unità 9 *L'arte... è di tutti*	106
3° test di ricapitolazione	118
Unità 10 *Paese che vai, problemi che trovi*	120
Unità 11 *Che bello leggere!*	133
4° test di ricapitolazione	144
Test generale finale	146
Gioco unità 1-5	152
Gioco unità 1-11	154

indice dei CD audio

 [41']

Prima di... cominciare	
01	1

Unità 1		
	02	Per cominciare 3, A1
	03	B1, B2
	04	D1, D2
	05	Quaderno degli esercizi

Unità 2		
	06	Per cominciare 3, A1
	07	B2, B3
	08	C5
	09	E2, E3
	10	Quaderno degli esercizi

Unità 3		
	11	Per cominciare 3, 4, A1
	12	C2
	13	C3, C4
	14	Quaderno degli esercizi

Unità 4		
	15	Per cominciare 4, A1
	16	B1
	17	Quaderno degli esercizi

Unità 5		
	18	Per cominciare 3
	19	B1, B2
	20	D2
	21	E3
	22	Quaderno degli esercizi

Su i-d-e-e.it puoi ascoltare in streaming le tracce dei CD audio.

 [65']

Unità 6		
	01	Per cominciare 2
	02	Per cominciare 3
	03	A7
	04	C1, C2
	05	D2a, D2b
	06	D6a, D6b
	07	Quaderno degli esercizi

Unità 7		
	08	Per cominciare 3, 4
	09	C1, C2
	10	C4
	11	D2
	12	Quaderno degli esercizi

Unità 8		
	13	Per cominciare 2
	14	Per cominciare 3, A1
	15	B1, B2
	16	C6
	17	Quaderno degli esercizi

Unità 9		
	18	Per cominciare 2, 3
	19	B1, B2
	20	C1, C2
	21	C5, C6
	22	D4
	23	Quaderno degli esercizi

Unità 10		
	24	Per cominciare 2
	25	Per cominciare 3
	26	B1, B2
	27	C4
	28	Quaderno degli esercizi

Unità 11		
	29	Per cominciare 3, A1
	30	D2
	31	E2, E3
	32	Quaderno degli esercizi

Fonti delle fotografie

Pag. 7 https://www.italiancinema.it (*cinema presentazione*); **Pag. 15**: https://frapress.gr (*colloquio di lavoro*); **Pag. 17**: https://citizen-problem-center-naoussa.hub.arcgis.com (*uomo al telefono*); **Pag. 17**: https://www.adnkronos.com (*gruppo di ragazzi*); **Pag. 20**: www.noixvoi24.it (*bancomat*); **Pag. 23**: pinterest.com (*locandina film*); **Pag. 27**: www.openpolis.it (*politecnico*); **Pag. 32**: https://de.motor1.com (*donna in bicicletta*); **Pag. 32**: https://www.asphaltandrubber.com (*uomo in moto*); **Pag. 35**: flickr.com (*calciatori*); **Pag. 37** https://www.altoadige.it (*Plan de Corones, Italia*); **Pag. 37** https://www.airbnb.it (*casale di campagna*); **Pag. 38** (Pizza 1) http://www.mulinocaputo.it; (Pizza 2) https://www.vocedinapoli.it; **Pag. 38** https://www.booking.com (*alberghi*); **Pag. 50** (*Gianni Rodari*) https://www.lagazzettadisansevero.it; **Pag. 51** (*burattino*) ειναι από το παλιο progetto; **Pag. 58** (*aperitivo*) Pinterest; **Pag. 59** https://www.24emilia.com; **Pag. 67** https://lemanigiuste.aifi.net (*Bebe Vio*); **Pag. 72** (*Porta Pinciana*) https://www.tripadvisor.com.gr; **Pag. 72** https://commons.wikimedia.org; **Pag. 72** (*taxi*) http://www.grandvoyageitaly.com (*Via Veneto*); **Pag. 74** https://www.amazon.com (*libri*); **Pag. 75** http://impiccioneviaggiatore.iteatridellest.com (*Violanta*); **Pag. 76** https://www.parmawelcome.it/en (*Casa Natale di Giuseppe Verdi*); **Pag. 77** https://www.isupportstreetart.com (*Maria Callas*); **Pag. 84** https://ilcapochiave.it (*pietra*); **Pag. 85** https://www.malpensa24.it (*pronto soccorso*); **Pag. 85** https://parma.repubblica.it (*Roberto e Giancarlo Spaggiari*); **Pag. 108** https://commons.wikimedia.org (*Narciso*); **Pag. 109** (*libro*) https://picclick.it/; **Pag. 111** © Telis Marin (*gente in moto*); **Pag. 112** https://www.abebooks.it (*libro*); **Pag. 113** Pinterest (*locandine film*); **Pag. 113** © Telis Marin (*Siena*); **Pag. 114** http://www.travelingintuscany.com (*dipinto*); **Pag. 138** https://www.amazon.com (*Paolo Cognetti*); **Pag. 138** https://commons.wikimedia.org (*Alberto Sordi*)

LA NUOVA PROVA ORALE 2
Materiale per la conversazione e la preparazione agli esami orali. Livello intermedio-avanzato (B2-C2)

La nuova Prova orale 2 mantiene la stessa filosofia dell'edizione precedente, ma si presenta in una veste grafica rinnovata e aggiornata nei contenuti. L'obiettivo è sempre quello di aiutare gli studenti a sviluppare la produzione orale e a prepararsi per conseguire con successo la certificazione di lingua.

Il volume è organizzato in:
- unità tematiche
- compiti comunicativi
- espressioni e massime
- glossario

UNA GRAMMATICA ITALIANA PER TUTTI 2
Regole d'uso, esercizi e chiavi per studenti stranieri
Livello intermedio (B1-B2)

Una grammatica italiana per tutti 2 - edizione aggiornata nasce dalle esigenze, dalle difficoltà, dai dubbi che incontrano gli studenti stranieri.
Il volume è organizzato in una:
- **parte teorica** che esamina le strutture della lingua italiana in modo chiaro ma completo, con un linguaggio semplice e numerosi esempi tratti dalla lingua viva, di ogni giorno.
- **parte pratica**, a fronte, con una vasta gamma di esercizi e le rispettive chiavi in Appendice.

Una grammatica italiana per tutti 2 - edizione aggiornata offre un nuovo layout, più chiaro e accattivante, un apparato iconografico più vario e alcuni interventi mirati nelle schede grammaticali e negli esercizi.

Collana Primiracconti
Letture semplificate per stranieri
L'EREDITÀ

Laurence, lavora come capo reception in un hotel di lusso. Alla morte del padre, la ragazza decide di trasferirsi in Piemonte e trasformare in un Bed&Breakfast la cascina ereditata. I parenti e gli amici fanno il possibile per aiutarla nel progetto, ma una terribile scoperta convince Laurence che è meglio mollare tutto e tornare in Svizzera, quando...